使いやすい！教えやすい！家庭学習に最適の問題集！

愛知県版国立小学校
愛知教育大学附属

名古屋小学校・岡崎小学校

2018~2021 年度過去問題を掲載　　2020・2021 年度過去問題を掲載

2022 年度版

過去問題集

<問題集の効果的な使い方>

①お子さまの学習を始める前に、まずは保護者の方が「入試問題」の傾向や難しさを確認・把握します。その際、すべての「学習のポイント」にも目を通しましょう。
②入試に必要なさまざまな分野学習を先に行い、基礎学力を養ってください。
③学力の定着が窺えたら「過去問題」にチャレンジ！
④お子さまの得意・苦手がわかったら、さらに分野学習を進め、レベルアップを図りましょう！

必ずおさえたい問題集

名古屋小学校

口頭試問	新口頭試問・個別テスト問題集
常識	Jr・ウォッチャー11「いろいろな仲間」
数量	Jr・ウォッチャー1「点・線図形」
数量	Jr・ウォッチャー37「選んで数える」
言語	Jr・ウォッチャー60「言葉の音（おん）」

岡崎小学校

記憶	1話5分の読み聞かせお話集①②
記憶	お話の記憶 初級編・中級編
記憶	Jr・ウォッチャー19 お話の記憶
常識	Jr・ウォッチャー56「マナーとルール」
巧緻性	Jr・ウォッチャー24「絵画」

●資料提供●
エコール・ドゥ・アンファン
小学校受験部

ISBN978-4-7761-5392-4
C6037 ¥2300E

9784776153924

定価　2,530円
（本体2,300円＋税10%）

日本学習図書（ニチガク）

1926037023005

ニチガク式学習支援!!

日本学習図書（ニチガク）

こんなこと…ありませんか？

「ニチガクの問題集…買ったはいいけど、、、
この問題の教え方がわからない（汗）」

メールでお悩み解決します！

- ☆ ホームページ内の専用フォームで必要事項を入力！
- ☆ 教え方に困っているニチガクの問題を教えてください！
- ☆ 確認終了後、具体的な指導方法をメールでご返信！
- ☆ 全国どこでも！ スマホでも！ ぜひご活用ください！

<質問回答例>

 アドバイス

推理分野の学習では、後の学習に活きる思考力を養うことができます。ご家庭で指導する場合にも、テクニックにたよらず、保護者の方が先に基本的な考え方を理解した上で、お子さまによく考えさせることを大切にして指導してください。

Q.「お子さまによく考えさせることを大切にして指導してください」と学習のポイントにありますが、考える習慣をつけさせるためには、具体的にどのようにしたらいいですか？

A. お子さまが考える時間を持てるように、質問の仕方と、タイミングに工夫をしてみてください。
たとえば、「答えはあっているけど、どうやってその答えを見つけたの」「答えは○○なんだけど、どうしてだと思う？」という感じです。
はじめのうちは、「必ず30秒考えてから手を動かす」などのルールを決める方法もおすすめです。

まずは、ホームページへアクセスしてください!!

https://www.nichigaku.jp　日本学習図書　検索

目指せ！合格！ 家庭学習ガイド
愛知教育大学附属名古屋小学校

ペーパー

口頭試問

運　動

行動観察

親子面接

入試情報

出題形態：ペーパー・ノンペーパー
面　　接：本人・保護者
出題領域：ペーパーテスト（言語・数量・図形）、運動テスト、行動観察、口頭試問

受験にあたって

本年度の試験では、選考前に体温を記録する「健康チェックカード」の記入が義務付けられましたが、試験内容は例年通りでした。

第１次選考ではペーパーテスト、運動テスト、行動観察、面接、口頭試問が実施されています。ペーパーテストでは本年度も「お話の記憶」は出題されていません。新たに出題されたのは、「積み木の数を数える」「しりとり」「数の多少」といった問題です。内容が少しずつですが変化しているので、それに対応できるように、広い分野の基礎学習を行いましょう。

第１次選考後に第２次選考有資格者が発表され、同日に実施される第２次選考の抽選により、最終的な合格者が決定されます。面接における保護者への質問は、志望動機、学校行事やＰＴＡ活動への参加の意志、公共交通機関でのマナー、学校でのトラブルへの対応などですが、この中でも特に、学校でのトラブル対応については、回答に対してさらに追加の質問をされたようです。保護者の方は、あらかじめどのように答えるかを考えておいた方がよいでしょう。志願者には口頭試問形式で、道徳やマナーなど、小学校入試で言えば常識分野に当たる質問があったようです。当校の教育目標として「よく考え、実践する子」「人を敬い、助け合う子」などが掲げられていますが、質問の内容もこれに即したものだと言えます。

目指せ！合格！

家庭学習ガイド
愛知教育大学附属岡崎小学校

入試情報

出題形態：ペーパー・ノンペーパー
面　　接：本人・保護者
出題領域：ペーパーテスト（記憶・図形・常識）、運動テスト、行動観察、巧緻性、制作

受験にあたって

１日目に行われる面接では、志願者が先に入室し、お友だちとの関わりについてなどの質問や、お話作りが行われました。保護者には、志望動機のほか、学校・保護者・子ども、三者間の連携についての質問がなされています。

２日目に行われた教育テストでは、記憶、常識、図形のピースを使って絵画を制作する課題が出されました。運動テストも含め、ここ数年、傾向に大きな変化は見られません。テスト全体を通し、指示をしっかり聞き取り理解する力、よく考えて行動する姿勢、自分の意見を相手に伝える力が求められていると言えるでしょう。そのことは、当校が教育目標として「実体験を重視し、生活の中から問題を見つけて自ら解決する力を育む」ことを掲げていることからもうかがえます。ふだんの生活の中でさまざまなものごとに触れる中で、お子さまが興味や疑問を持って自ら調べ、考えて答えを見つけ出すようにうながしてください。

教育機関であると同時に研究機関でもある当校には、「生活自体が学習でなければならない」を理念の１つとして、生活の中での実体験を通じた学習を大切にしてきたという歴史があります。したがって当校への入学を希望するご家庭には、教育目標や研究理念を理解し、それに従い、協力することが求められます。

愛知県版
国立小学校
過去問題集

〈はじめに〉

現在、少子化が叫ばれているにもかかわらず、国立・私立小学校の入学試験には一定の応募者があります。入試は、ただやみくもに学習するだけでは成果を得ることはできません。志望校の過去における出題傾向を研究・把握した上で、練習を進めていくこと、その上で試験までに志願者の不得意分野を克服していくことが必須条件です。そこで、本問題集は小学校を受験される方々に、志望校の出題傾向をより詳しく知って頂くために、過去に遡り出題頻度の高い問題を結集いたしました。最新のデータを含む精選された過去問題集で実力をお付けください。

また、志望校の選択には弊社発行の「**2022年度版　近畿圏・愛知県　国立・私立小学校　進学のてびき**」をぜひ参考になさってください。

〈本書ご使用方法〉

◆出題者は出題前に一度問題を通読し、出題内容などを把握した上で、〈**準　備**〉の欄に表記してあるものを用意してから始めてください。

◆お子さまに絵の頁を渡し、出題者が問題文を読む形式で出題してください。ただし、問題を読んだ後で絵の頁を渡す問題もありますのでご注意ください。

◆「**分野**」は、問題の分野を表しています。弊社の問題集の分野に対応していますので、復習の際の目安にお役立てください。

◆一部の描画や工作、常識等の問題については、解答が省略されているものがあります。お子さまの答えが成り立つか、出題者が各自でご判断ください。

◆〈**時　間**〉につきましては、目安とお考えください。

◆**学習のポイント**は、指導の際にご参考にしてください。

◆**【おすすめ問題集】**は各問題の基礎力養成や実力アップにご使用ください。

〈本書ご使用にあたっての注意点〉

◆文中に **この問題の絵は縦に使用してください。** と記載してある問題の絵は縦にしてお使いください。

◆〈**準　備**〉の欄で、クレヨンと表記してある場合は12色程度のものを、画用紙と表記してある場合は白い画用紙をご用意ください。

◆文中に **この問題の絵はありません。** と記載してある問題には絵の頁がありませんので、ご注意ください。尚、問題の絵の右上にある番号が連番でなくても、中央下の頁番号が連番の場合は落丁ではありません。
下記一覧表の●がついている問題は絵がありません。

問題１	問題２	問題３	問題４	問題５	問題６	問題７	問題８	問題９	問題10
							●	●	●
問題11	問題12	問題13	問題14	問題15	問題16	問題17	問題18	問題19	問題20
									●
問題21	問題22	問題23	問題24	問題25	問題26	問題27	問題28	問題29	問題30
●		●							
問題31	問題32	問題33	問題34	問題35	問題36	問題37	問題38	問題39	問題40
問題41	問題42	問題43	問題44						

◎学習効果を上げるため、前掲の「家庭学習ガイド」をお読みになり、各校が実施する入試の出題傾向をよく把握した上で問題に取り組んでください。
※冒頭の「本書ご使用方法」「ご使用にあたっての注意点」も併せてご覧ください。

〈愛知教育大学附属名古屋小学校〉

2021年度の最新問題

問題1　分野：図形（点・線図形）

〈準備〉　鉛筆

〈問題〉　●に当たらないように☆と☆を結んでください。

〈時間〉　各20秒

問題2　分野:数量（数の比較）

〈準備〉　鉛筆

〈問題〉　それぞれの四角の中に絵が描かれています。それぞれの段で１番数が多いものに◯をつけてください。

〈時間〉　２分

問題3　分野：常識（仲間さがし）

〈準備〉　鉛筆

〈問題〉　☆が描いてある四角には縦横それぞれ仲間になるものが入ります。あてはまるものを下の四角から選んで◯をつけてください。

〈時間〉　２分

問題4　分野：常識（仲間はずれ）

〈準備〉　鉛筆

〈問題〉　それぞれの段で仲間ではないものを１つ選んで○をつけてください。

〈時間〉　２分

問題5　分野：言語（しりとり）

〈準備〉　鉛筆

〈問題〉　①左上のメダカから右下のエビまでしりとりをしていきましょう。しりとりがつながるように鉛筆でなぞりながら進んでください。
②左上のサメから右下のウサギまでしりとりをしていきましょう。しりとりがつながるようにを鉛筆でなぞりながら進んでください。

〈時間〉　１分

問題6　分野：言語（頭音つなぎ）

〈準備〉　鉛筆

〈問題〉　上の四角の絵の、最初の音をつないでできる言葉を、下の絵の四角から選んで、○をつけてください。

問題7　分野：図形（展開）

〈準備〉　鉛筆

〈問題〉　左の折り紙の色の部分を、ハサミで切り抜いてから開いた時、どのような形になりますか。右の中から選んで○をつけてください。

〈時間〉　１分

問題8　分野：行動観察

〈準備〉　イス（５つ程度を一列に並べておく）、５ｍほどの間隔で２本の線を床に引く、机（10台程度）

〈問題〉　**この問題の絵はありません。**
（ＶＴＲで「イス渡り」と「ケンパ」、「模倣体操」のお手本が流れる）
①お手本のように、スタートの線からゴールの線まで、「ケンパ、ケンパ、ケンパ」のリズムで進んでください。
②お手本のように、イスの上に立ち、そこを落ちないように歩き、端まで行ったら振り返って、両足を揃えてジャンプでおりてください。
③（問題９の模倣体操の終了後）
みんなで片付けをします。イスは１つを１人で、机は１つを２人で持って、部屋の端に片付けしてください。

〈時間〉　適宜

問題9　分野：運動（模倣体操）

〈準備〉　特になし

〈問題〉　**この問題の絵はありません。**

お手本のように、みんなでいっしょに体操をしてください。

・グーパー・グーパー・グーと手を広げたり閉じたりする。
・両手を前に出し、グーになるように親指から順に指を折る。グーになったら、小指から順に指を広げていく。
・両腕を前に出し、前から腕を下ろしながら前方へ３回ほど回す。前から腕を上げながら後方へ３回ほど回す。

〈時間〉　適宜

問題10　分野：集団行動

〈準備〉　ボール（約10個）、紙（A1サイズ、約10枚）、カゴ２つ

〈問題〉　**この問題の絵はありません。**

①赤チームと白チームに分かれます。
②チームの中で２人１組のペア、運ぶ順番を決める。
③ボールを２人で紙に載せて、かごまで運んでいく。
④途中でボールを落としたら、次のペアに代わる。
⑤終わりの指示が鳴るまで続けてください。
⑥最後にみんなでボールの数を数えて、多かった方が勝ちです。

〈時間〉　適宜

家庭学習のコツ①　「先輩ママのアドバイス」を読みましょう！

本書冒頭の「先輩ママのアドバイス」には、実際に試験を経験された方の貴重なお話が掲載されています。対策学習への取り組み方だけでなく、試験場の雰囲気や会場での過ごし方、お子さまの健康管理、家庭学習の方法など、さまざまなことがらについてのアドバイスもあります。先輩ママの体験談、アドバイスに学び、ステップアップを図りましょう！

問題11　分野：親子面接

〈準 備〉　マーカー（黒）

〈問 題〉　志願者への質問
●志願者に対して
・お名前を教えてください。
・（問題11－1の絵を見せて）あなたならどうしますか。
・（問題11－2の絵を見せて）あなたならどうしますか。
・（問題11－3の絵を見せて）これは電車の中でしてはいけないことです。なぜですか。
・（問題11－4の絵を見せて）あなたならどうしますか。
・今からお話をします。正しければ「マル」、間違っている時は「バツ」と答えてください。
①横断歩道を渡るときは左右を見てから渡ります。
②家に帰ったら手を洗わずにおやつを食べます。
③庭にあるお花をとってもよいです。
④キクは春に咲く花です。
⑤コウモリは動物の仲間です。
⑥給食の前には手を洗います。
（問題11－5の絵を渡す）
・この漢字をペンでなぞってください。

保護者への質問
●父親に対して
・志望動機を教えてください。
・本校は附属中学校への進学を前提とした小中一貫校ですが、それについてはどのようにお考えですか。
・小中一貫校についてどのようにお考えですか。

●母親に対して
・電車やバスでのマナーは学校でも教えますが、家庭ではどのように教えていますか。
・〇〇幼稚園に通われていますがどうして附属小学校を受けようと思ったのですか。

●保護者のいずれかに対して
・コロナ感染対策について、家庭ではどのように教えていますか。
・急な病気などの時にすぐに迎えに来ることができますか。
・本校に合格した際は辞退できませんが、本校は第一志望ですか。
・ＰＴＡ活動で学校に来ていただくことが多いですが、必ず参加できますか。
・入学した後1ヶ月程子どもと一緒に登校したり、給食の手伝いで毎日学校に来ていただくことになりますが可能ですか。

〈時 間〉　適宜

家庭学習のコツ②　「家庭学習ガイド」はママの味方！

問題演習を始める前に、試験の概要をまとめた「家庭学習ガイド（本書カラーページに掲載）」を読みましょう。「家庭学習ガイド」には、応募者数や試験科目の詳細のほか、学習を進める上で重要な情報が掲載されています。それらの情報で入試の傾向をつかみ、学習の方針を立ててから、対策学習を始めてください。

問題 1

①

②

③

④

問題2

☆愛知教育大学附属名古屋小学校

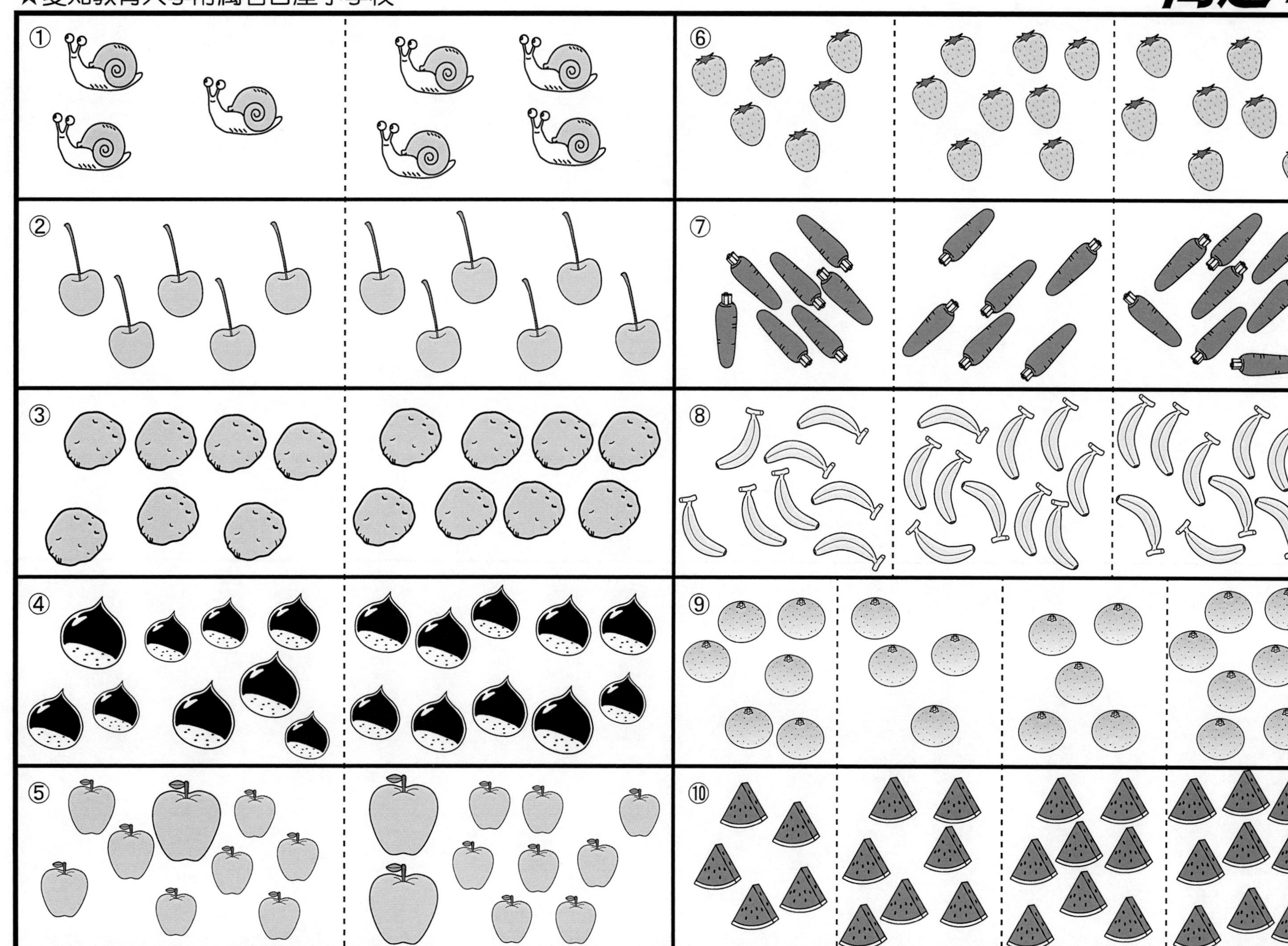

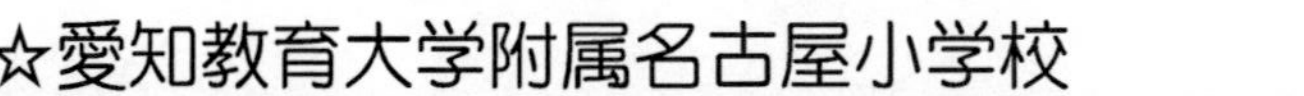
☆愛知教育大学附属名古屋小学校

問題 3

①

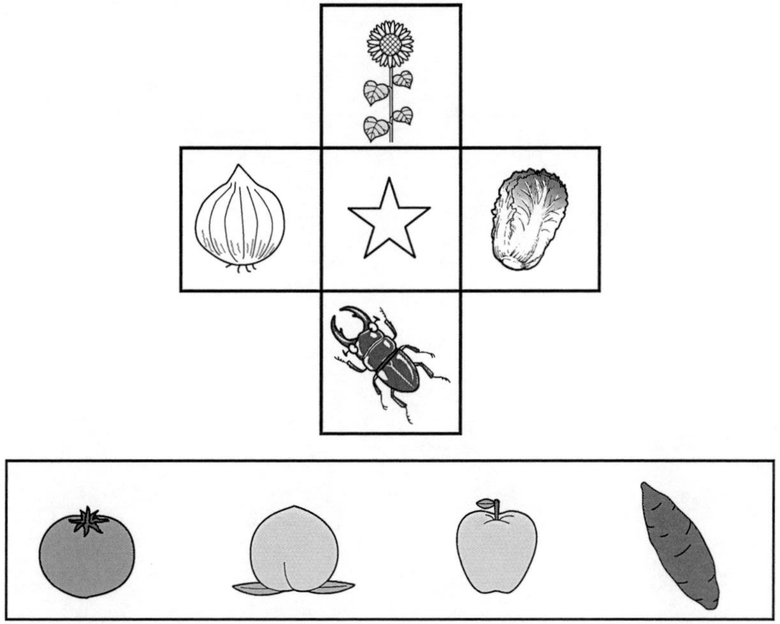

②

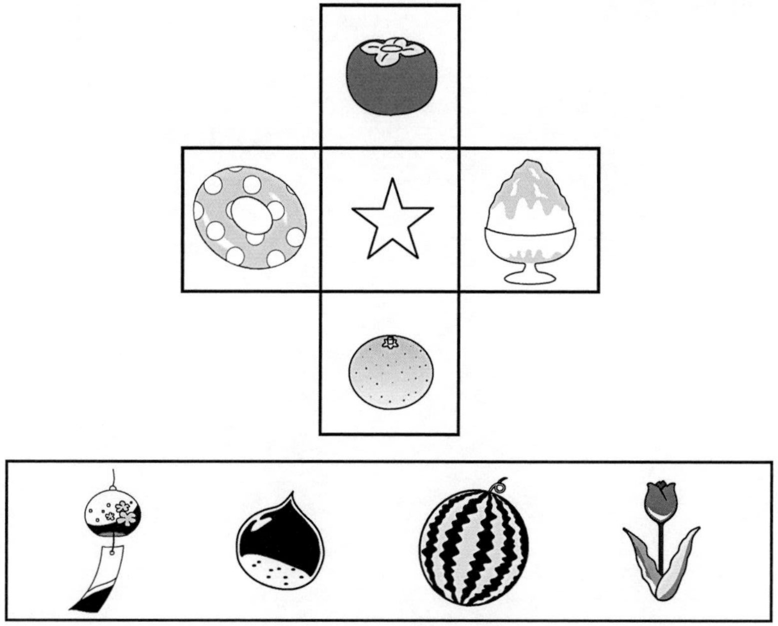

③

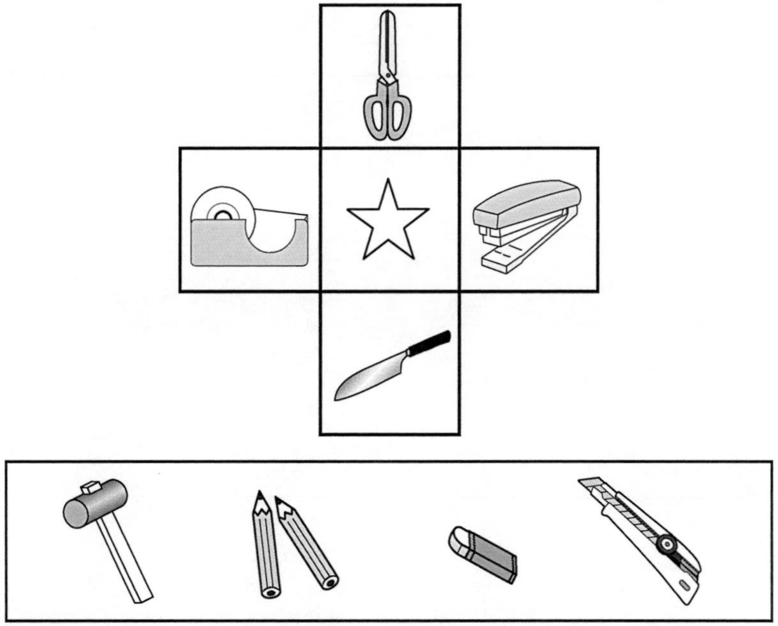

④

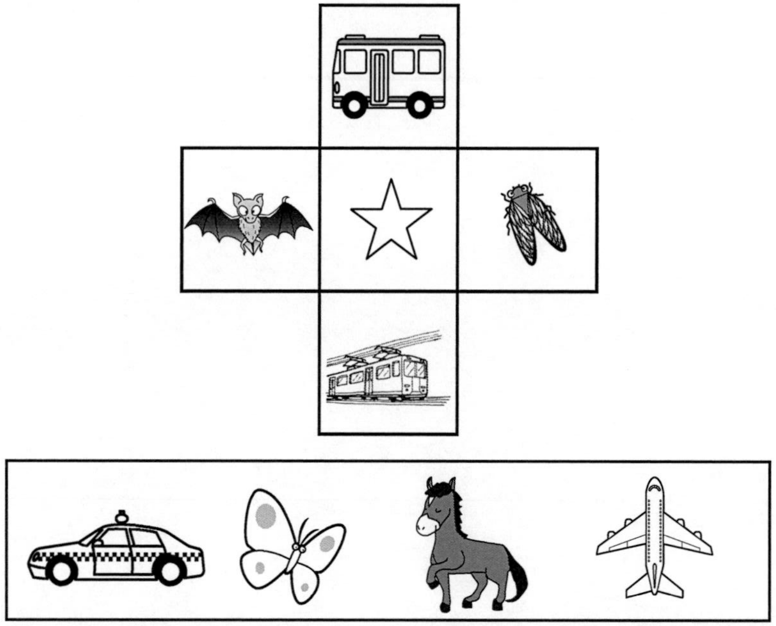

問題4

問題5

②

①

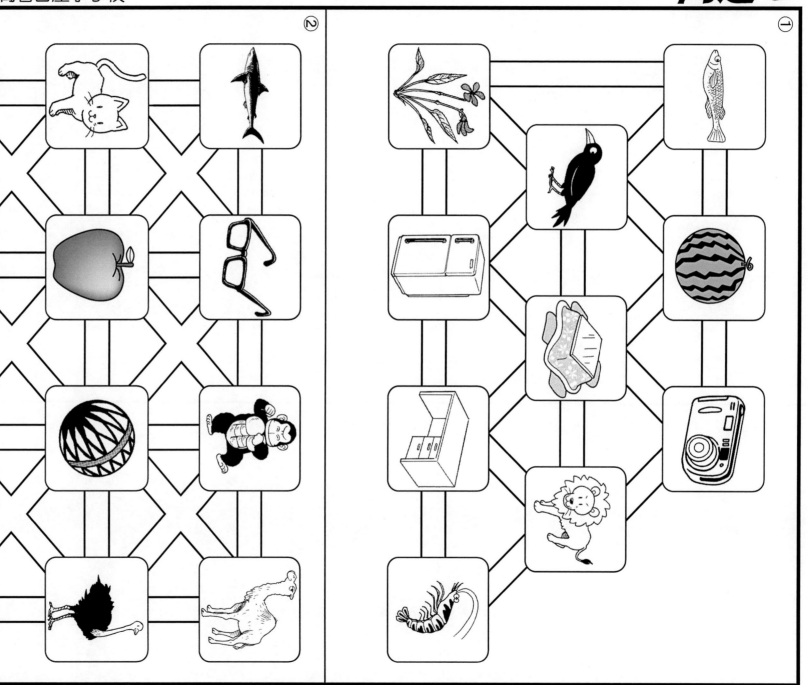

問題 6

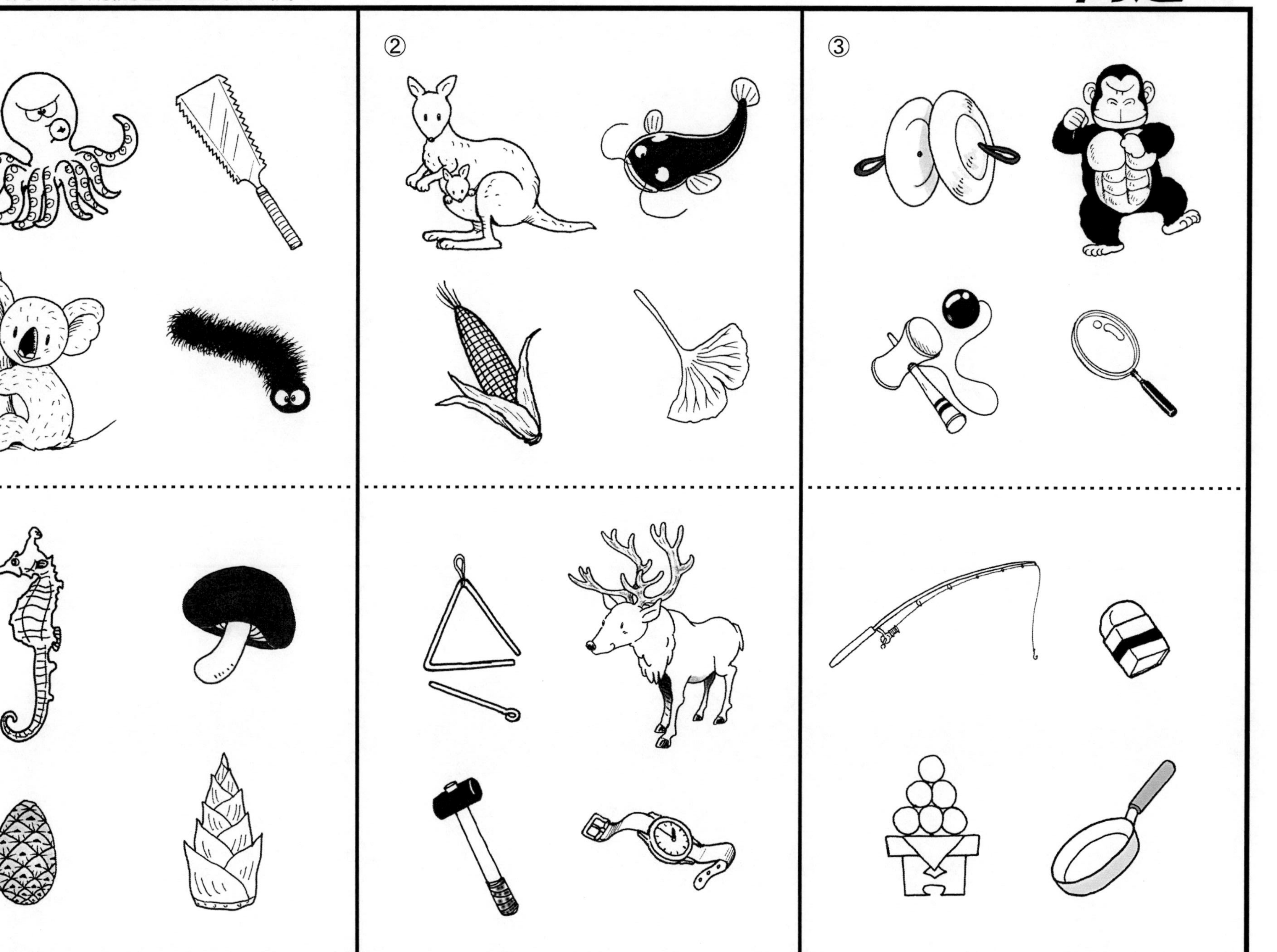

☆愛知教育大学附属名古屋小学校

問題7

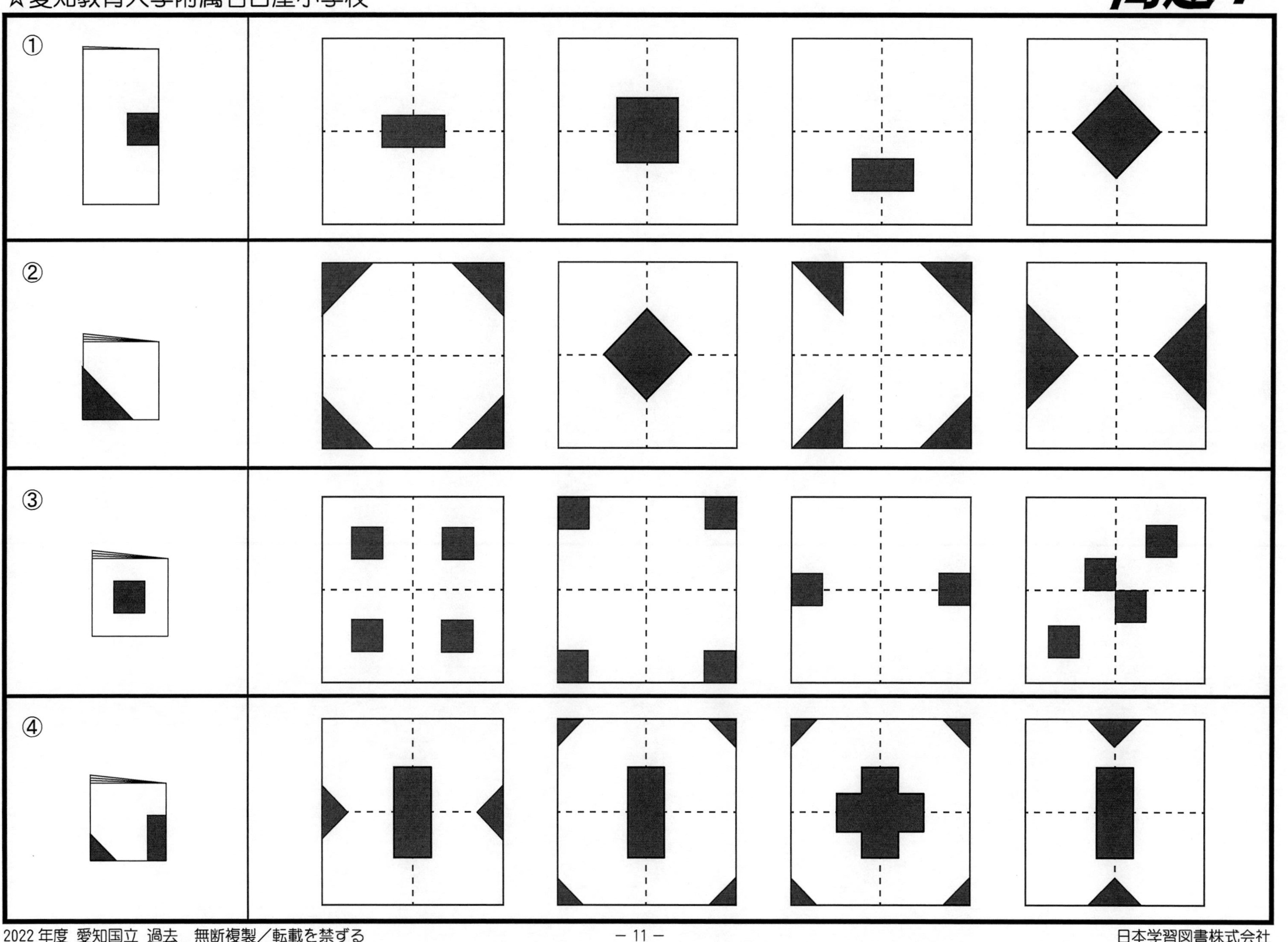

問題１１－１

問題１１－２

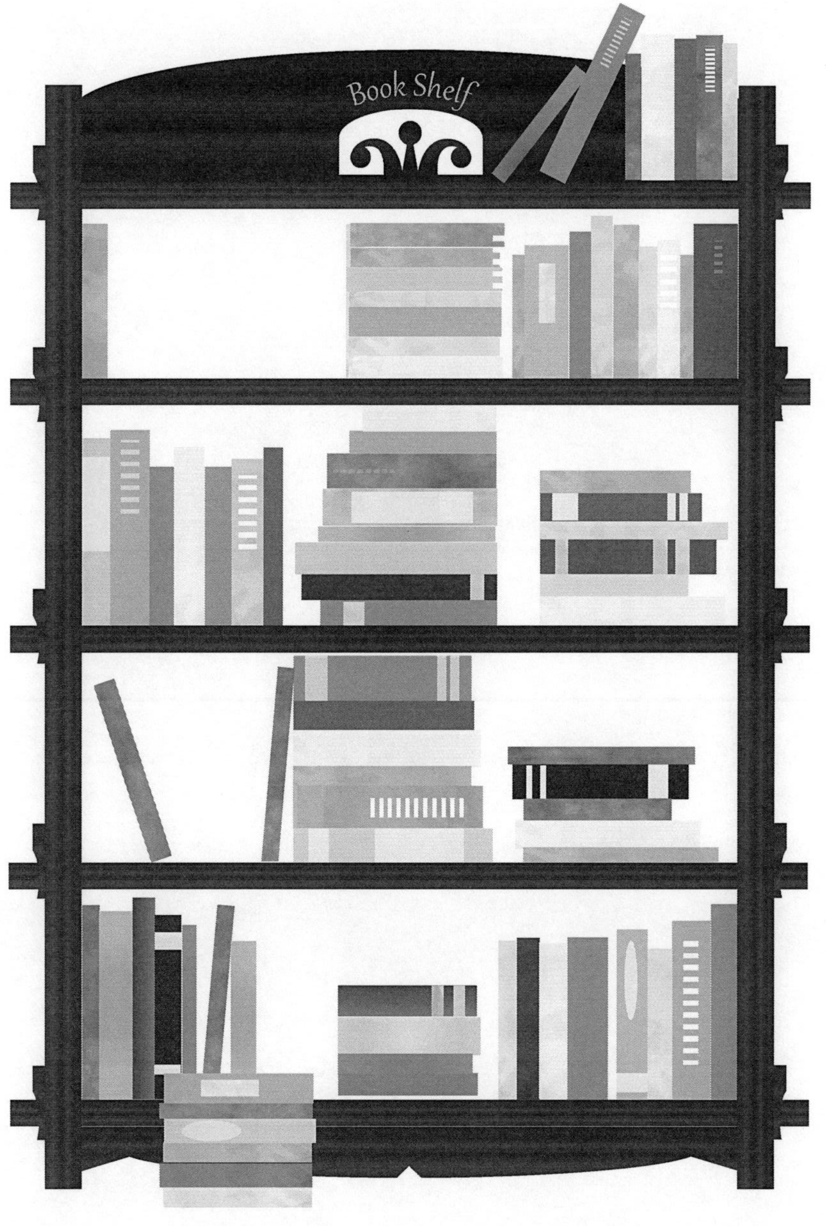

問題11－3

問題11－4

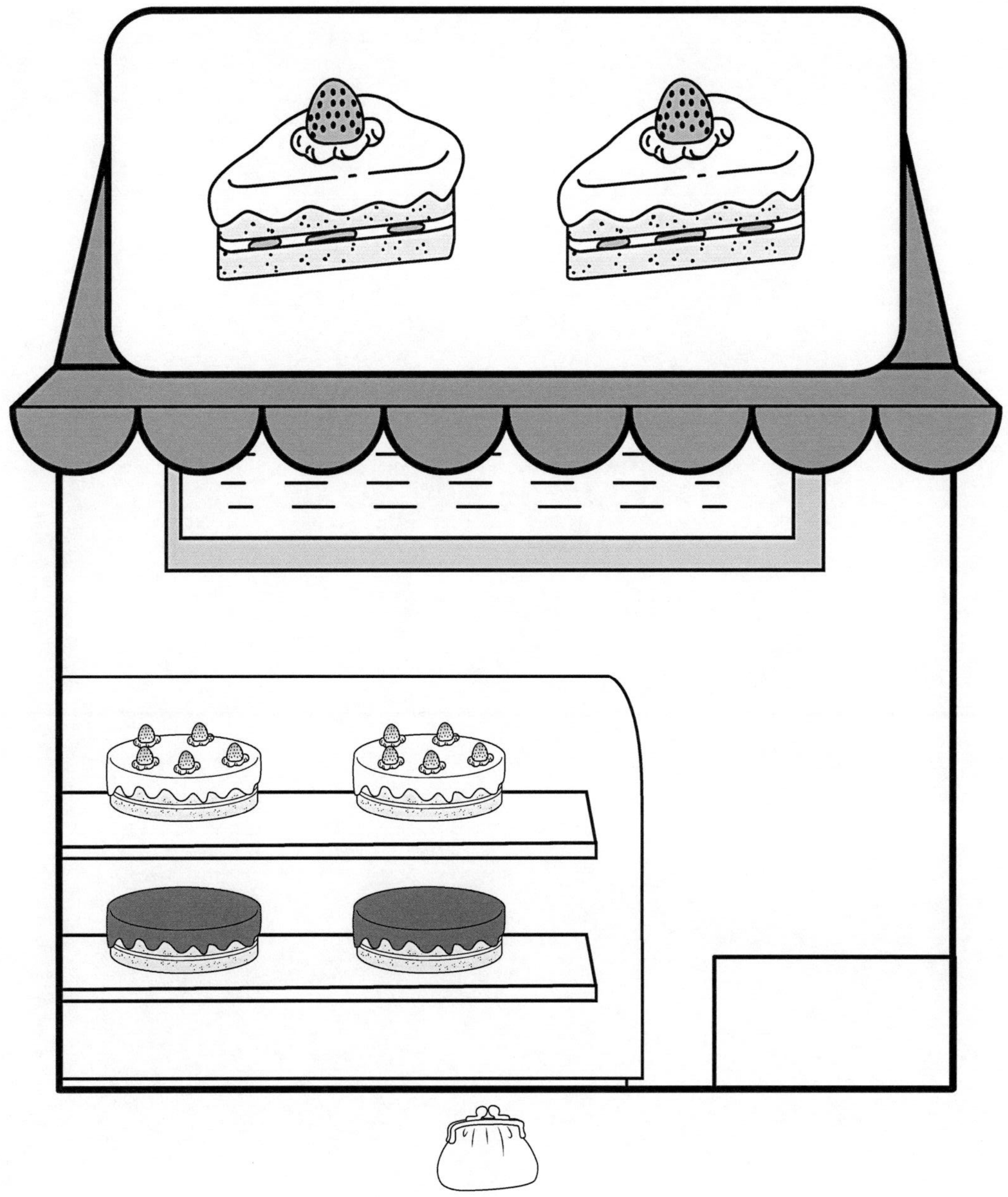

日本学習図書株式会社

問題11－5

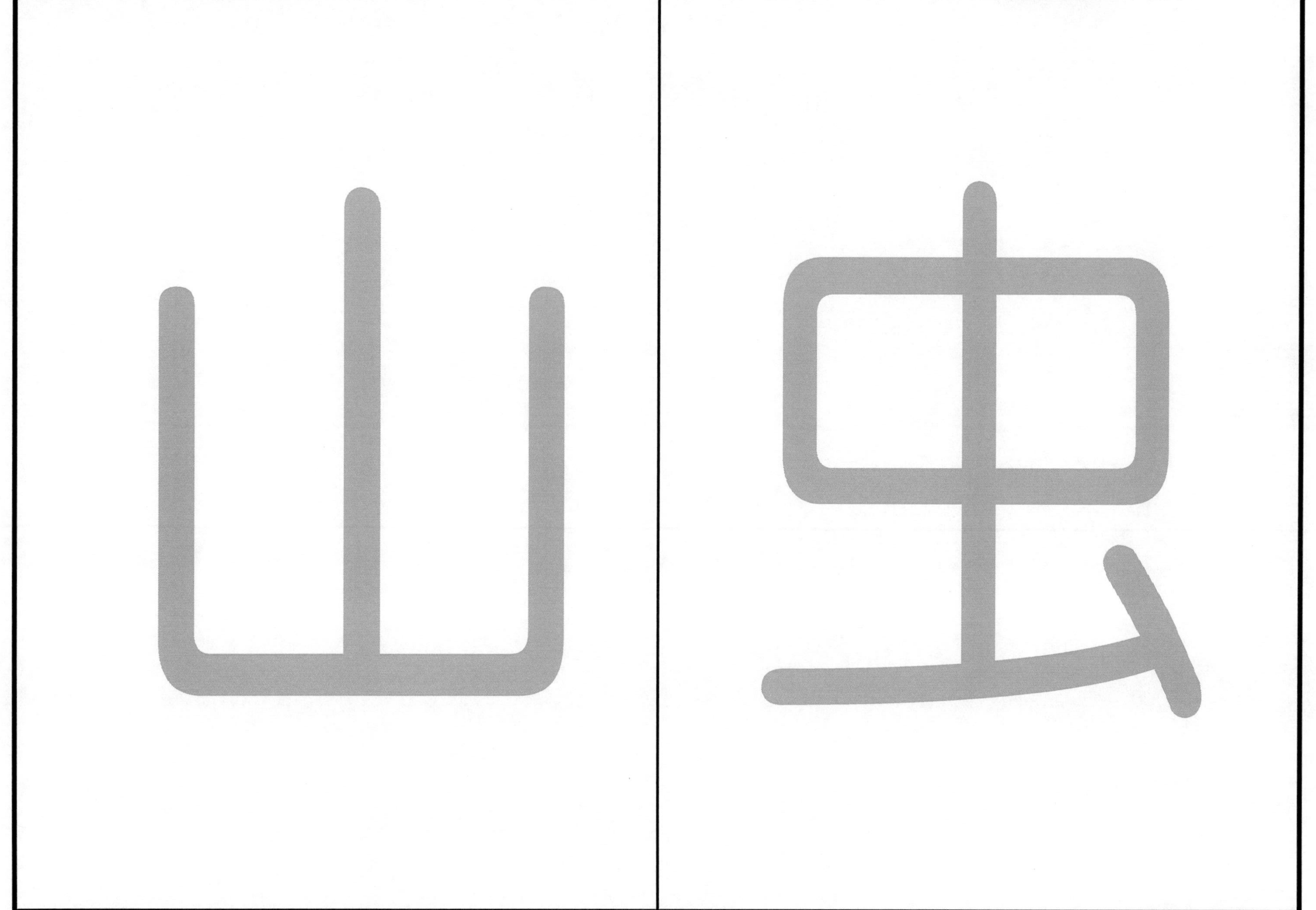

日本学習図書株式会社

2021年度入試
解答例・学習アドバイス

解答例では、制作・巧緻性・行動観察・運動といった分野の問題の答えは省略されています。こうした問題では、各問のアドバイスを参照し、保護者の方がお子さまの答えを判断してください。

問題1　分野：図形（点・線図形）

〈解答〉　省略

グリッドになっている●を避けながら、☆と☆を結ぶ問題になります。特に考えるところはないので、できるだけ結ぶ線が短くなるように作業を進めてください。時間内に作業を終わらせることができます。曲線を引くことになるので、始点と終点を視界に入れて、ゆっくりと線を引くようにしてください。線は滑らかな方がよいですが、少々歪んでいても構いません。きちんと☆に届いているかどうかだけを確認してください。なお、当校では解答を鉛筆で書くので、消しゴムで修正できますが、何度も修正するとどうしても答案が汚れて「雑に」見えるので注意しましょう。

【おすすめ問題集】
　Ｊｒ・ウォッチャー１「点・線図形」、２「座標」、51「運筆①」、52「運筆②」

問題2　分野：数量（数の比較）

〈解答〉　下図参照

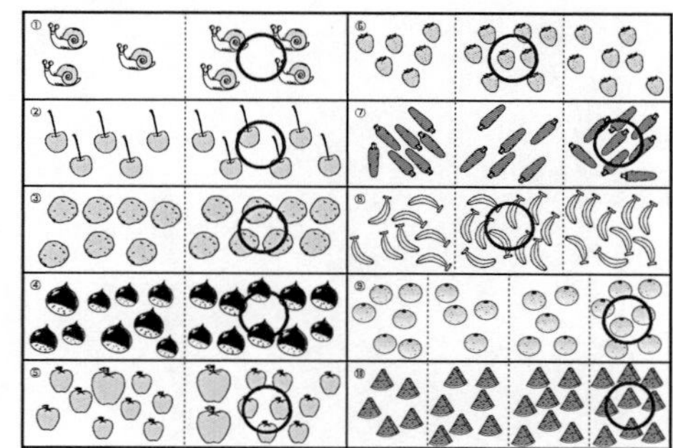

「1番多いもの」を選ぶ問題です。時間をかければ誰でも答えられる問題なので、試験では「早く・正確に答える」ことが求められているということになります。そうすると、2つの集合の多少がわかったり、10以下の数であれば、指折り数えずにいくつのものがあるかがわかる、といった能力があれば全問を時間内に答えられるというわけです。この能力ですが、こうした問題を数多く解くことでも身に付きますが、くらしのなかでもその機会はたくさんあります。ものを分けたり、配る。風景を見ていて目についたものの数を数える。そういった機会を利用してお子さまの数に対するセンスを磨いていってください。

【おすすめ問題集】

Ｊｒ・ウォッチャー15「比較」、38「選んで数える」、58「比較2」

問題3　分野：常識（仲間さがし）

〈解答〉　①トマト　②スイカ　③カッター　④飛行機

クロスワードのように縦横それぞれに共通するものを選ぶ問題です。①の縦の列は「夏のもの」、横の列は「野菜」なので、この2つのものを満たすのは「トマト」ということになります。以下、②は縦の列が「くだもの」、横の列は「夏のもの」、③は縦の列が「切るもの」、横の列は「文房具」、④は縦の列が「のりもの」、横の列は「飛ぶもの」となります。1つひとつのものは知っているでしょうが、2つのものの共通点を発見するのが難しいかもしれません。対策としては、知識・常識を増やすために体験を積んでいくというのはもちろんですが、同じように常識を聞く問題を解いておくことでしょう。

【おすすめ問題集】

Ｊｒ・ウォッチャー11「いろいろな仲間」、12「日常生活」、27「理科」、34「季節」、55「理科②」

問題4　分野：常識（仲間分け）

〈解 答〉　①ダイコン　②アイロン　③アサガオ　④カブ

「仲間はずれさがし」の問題です。①は夏のもの、②は台所用品、③は春に咲く花、④は夏に収穫される野菜というのが共通点になります。前問と同じく、年齢なりの常識があることが前提になっているので、その場で考えてもなかなかわからないタイプの問題です。対策としては、知識を得ていくことももちろんですが、同じような仲間さがし、仲間はずれ探しの問題をたくさん解いて、いくつかのものに共通する点を見つけるという思考力も養っておくことです。ふだんはなかなかそういった思考をすることはないでしょうから、慣れておいた方がよいのです。

【おすすめ問題集】

Ｊｒ・ウォッチャー11「いろいろな仲間」、27「理科」、55「理科②」

問題5　分野：言語（しりとり）

〈解 答〉　①【メダカ】→カラス→スミレ→冷蔵庫→こたつ→机→【エビ】
②【サメ】→メガネ→ネコ→コマ→マリ→リンゴ→ゴリラ→ラクダ→ダチョウ→【ウサギ】

このように複数の選択肢から選ぶタイプのしりとりでは、先を見ながら進めば間違いが少なくなります。慣れないうちは間違いに気付いたらすぐに分岐点に戻って、もう一度考えればよいのです。もちろん、しりとりですから、言葉を知らなければどうにもならないので、年齢なりの語彙は必要です。①ではスミレ、こたつあたりがお子さまには難しい言葉になるかもしれません。スミレは単純に知らないお子さまが多いでしょうし、こたつは最近使っていない家庭が多いからです。入試で出題される言葉の中にも意外とお子さまが知らない言葉はあるので、問題集などでよく見ておいてください。

【おすすめ問題集】

Ｊｒ・ウォッチャー17「言葉の音遊び」、18「いろいろな言葉」

問題6　分野：言語（しりとり）

〈解 答〉　①タケノコ　②トナカイ　③ケシゴム

言葉遊びの問題に正しく答えるためには、言葉をたくさん知っているだけでなく、それらを正しい音で知っている必要があります。日々のコミュニケーションの中で、お子さまがどんどん新しい言葉に触れられるようにしていってください。お子さまが言葉を正しく覚えているかを確認するためには、言葉遊びが便利です。しりとりだけでなく、「頭に「あ」のつくものを探してみよう」「３つの音でできている言葉を言ってみよう」など、工夫次第で多くのバリエーションが作れますので、お出かけの際などさまざまな機会に手軽に楽しんでください。また、ものの名前を覚える際には、単に外見と名称を一致させるだけでなく、その用途や色や材質などさまざまな特徴も覚えていくようにするとよいでしょう。対応力が増します。

【おすすめ問題集】
　Ｊｒ・ウォッチャー17「言葉の音遊び」

問題7　分野：図形（展開）

〈解 答〉　①左端　②右端　③左端　④左端

展開の問題です。やや複雑なものもあるので注意してください。展開の問題は「折った線の線対称に切り取った形が線対称（左右逆）にできる」ということが理解できればほとんどの問題に答えられますが、これをお子さまに言葉で説明しても、まず理解できません。手間はかかりますが、やはり実物を見せて理屈を理解してもらいましょう。お子さま次第のところはありますが、たいていは「折った紙の一部を切り取る→開く」という作業を何度か見せれば仕組みが理解でき、こうした問題も直感的に答えられるようになります。

【おすすめ問題集】
　Ｊｒ・ウォッチャー５「回転・展開」

問題8　分野：行動観察

例年と同じ課題です。国立校の入試としてはかなり指示が細かいの注意して聞き、従うようにしてください。この課題は競争ですが、勝ち負けは基本的に関係ありません。行動観察はその名前の通り、どんな行動をするのかを観察することが目的ですから、協調性や積極性があることを見せればそれでよいのです。指導する側から見ればどのような態度、姿勢が好ましいかを保護者の方が考えてお子さまにどのように行動するかを指導しておけば、よほどのことをしない限り、問題になることはありません。

【おすすめ問題集】
Ｊｒ・ウォッチャー29「行動観察」

問題9　分野：運動（模倣体操）

例年と同じ、指示通りに体を動かす模倣体操です。それを行う前にＶＴＲで見本が流れ、次に行う動きを見ることができるので指示もわかりやすいはずです。動き自体も難しいものではないので、指先の動きや腕を回す回数などの細かい指示に気をつければ大丈夫でしょう。こうした運動は運動機能ではなく、基本的な受け答えができるかどうかだけが観点です。指示を守ることだけに注意して、気楽に臨んでください。

【おすすめ問題集】
Ｊｒ・ウォッチャー28「運動」、新運動テスト問題集

問題10　分野：集団行動

これも例年出題されている課題です。こうした勝敗のあるゲームの場合でも、勝敗にこだわる必要はありません。同じことの繰り返しになってしまいますが協調性、積極性を見せつつ、指示を理解してそのとおりに行動すればよいのです。こういったことは入学後に学校生活を過ごすには必要なことなので、評価されるのもその点だけと考えてください。こればかりは机にかじりついても身に付くことではないので、お友だちとのふれあいや、家族とのコミュニケーション通して学んでいきましょう。

【おすすめ問題集】
Ｊｒ・ウォッチャー29「行動観察」、新ノンペーパーテスト問題集

問題11　分野：親子面接

通常の親子面接とは違い、お子さまに対しては、常識というか、マナーについての口頭試問といった内容なので、通常の面接というよりは、そういった問題に答える練習をしておいた方がよいかもしれません。それほど難しいことを聞かれるわけではありませんが、一度練習しておけば充分に答えられるはずです。保護者に対する面接は、感染症対策についての質問以外、同じ質問内容が数年続いていますが、国立小としてはかなり細かい点まで聞かれます。内容を打ち合わせておくなどの準備をしておいてください。

【おすすめ問題集】

新 小学校受験の入試面接Q＆A、面接テスト問題集、面接最強マニュアル、
新口頭試問・個別テスト問題集、新ノンペーパーテスト問題集

◎学習効果を上げるため、前掲の「家庭学習ガイド」をお読みになり、各校が実施する入試の出題傾向をよく把握した上で問題に取り組んでください。
※冒頭の「本書ご使用方法」「ご使用にあたっての注意点」も併せてご覧ください。

〈愛知教育大学附属名古屋小学校〉

2020年度以前の問題

問題12　分野：図形（点・線図形）

〈準　備〉　鉛筆

〈問　題〉　左の見本と同じように、右の点を線でつないでください。２枚目も同じように答えてください。

〈時　間〉　各20秒

〈解　答〉　省略

［2020年度出題］

学習のポイント

見本を見ながら、その通りに点を線でつなぐ問題です。こうした問題でチェックされるのは「正確に書く」ということだけなので、その点は意識して作業してください。基本的には次のような方法がおすすめです。まず、「書き始めの点」を「上から～番目で左から～番目」としっかり認識し、次の点も「その点から右へ２つ、下へ１つ」と認識した上で線を引き始めます（この時、ペン先と次の点、つまり線の終わりの点の両方が視界に入るようにすると、それなりにきれいな線が引けるはずです）。線を引き終わったら、引いてある位置が正しいかどうかを確認し、間違っていれば引き直します。これを繰り返せば解答終了というわけです。なお、当校では解答を鉛筆で書くので、消しゴムで修正できますが、何度も修正するとどうしても答案が汚れて「雑に」見えます。ほどほどにしておいてください。

【おすすめ問題集】
Ｊｒ・ウォッチャー１「点・線図形」、２「座標」、51「運筆①」、52「運筆②」

問題13　分野：数量（数の比較）

〈準備〉　鉛筆

〈問題〉　（問題13の絵を渡す）
2つの四角の中に絵が描かれています。点線の左側と右側を比べて、数の多い方に○をつけてください。

〈時間〉　2分

〈解答〉　下図参照

［2020年度出題］

学習のポイント

どちらが多いか、少ないかを聞いていますが、結局は「数に対するセンス」を観点にした問題です。「数に対するセンス」とはひと目で2つの集合の多少がわかったり、10以下の数であれば、指折り数えずにいくつのものがあるかがわかる、といった感覚のことを言います。こういう表現をしてしまうと難しそうに聞こえるのですが、この感覚は、特別な訓練が必要なものではなく、日常生活で自然と身に付いていくものです。お菓子がテーブルの上にいくつか転がっていれば自然と数え、自分の食べてよいものはいくつだろう、と考えるのがお子さまではないでしょうか。保護者の方は、特別な指導をしようとするより、そうした日常の機会をとらえて、学習の機会に変えればよいのです。

【おすすめ問題集】
Ｊｒ・ウォッチャー15「比較」、38「選んで数える」、58「比較2」

問題14　分野：常識（仲間さがし）

〈準備〉　鉛筆

〈問題〉　左側の絵と同じ仲間のものを、右側の絵の中から２つ選んで○をつけてください。２枚目も同じように答えてください。

〈時間〉　各30秒

〈解答〉　①左から２番目、右端（炊飯器、アイロン）
②左端、右から２番目（ノート、消しゴム）
③左端、左から２番目（リンゴ、モモ）
④左から２番目、右から２番目（長ぐつ、傘）
⑤左端、右から２番目（カラス、ツル）
⑥右から２番目、右端（スプーン、ナイフ）
⑦右から２番目、右端（イカ、魚）
⑧左から２番目、右から２番目（ひな人形、サクラ）

［2020年度出題］

学習のポイント

絵の共通点を見つけて選ぶ常識分野の問題です。こうした問題に対応するには、ご家庭での学習で「もの」について名前を覚えるだけでなく、特徴や使用方法もいっしょに覚える必要があります。印象に残りやすいよう、できれば「体験」した方がよいでしょう。「これは電気で動くもの」と掃除機を見せるよりは、スイッチを入れてそれを使って掃除をさせてください。身近にいない動物や見かけない植物、最近はあまり行われない季節の行事など体験することが難しいものがあります。こうしたものはインターネットや図鑑など、さまざまなメディアを利用して、疑似体験をさせください。映像でも、興味が持てるものならお子さまは覚えてくれるでしょう。

【おすすめ問題集】

Ｊｒ・ウォッチャー11「いろいろな仲間」、12「日常生活」、27「理科」、34「季節」、55「理科②」

問題15 分野：推理（系列）

〈準 備〉 鉛筆

〈問 題〉 空いている四角に入る絵を下の四角から選んで、その四角に書かれた印と同じ印をつけてください。

〈時 間〉 各30秒

〈解 答〉 下図参照

［2020年度出題］

学習のポイント

系列の問題は、「記号がどのようなパターンで並んでいるのかを考えること」が基本の解き方です。難しいことではありません。まず、系列の記号の並びを左から見わたして、同じ記号が2回目に出ているところを見つけます。この問題の①で言えば、最初に出ている「リンゴ」が5番目にも出ています。たいていの系列（パターン）では同じものが2回登場しないので「リンゴ」「ミカン」「パイナップル」「？」までで系列が終わっていると仮定して、5番目のリンゴより後ろの系列（パターン）をチェックします。すると「リンゴ」「ミカン」「パイナップル」「バナナ」と並んでいるので、仮定したパターンが正しく、空欄に入る絵が「バナナ」であることもわかります。同じものが2回登場するパターン（○▲○□）や絵の並びが円になっている（観覧車）パターンなど、これよりも複雑なものにはこの解き方は通用しませんが、基本となる考え方ですので覚えておいてください。

【おすすめ問題集】

Ｊｒ・ウォッチャー６「系列」、31「推理思考」

問題16　分野：言語（しりとり）

〈準備〉　鉛筆

〈問題〉　**この問題の絵は縦に使用してください。**
１番左側の絵からしりとりをした時、使わないものが１つあります。それぞれの段から探して○をつけてください。

〈時間〉　１分

〈解答〉　①右（セミ：ピアノ→ノコギリ→リス）
②左（てぶくろ：メガネ→ネコ→コタツ）
③真ん中（せんぷうき：アジサイ→イチゴ→ゴリラ）
④右（サクラ：モチ→チューリップ→プリン）
⑤真ん中（イノシシ：くつした→タコ→コウモリ）

［2020年度出題］

学習のポイント

しりとりの問題です。先頭の言葉がわかっているので、かなり簡単と言えるでしょう。登場する言葉（絵）も見慣れたものばかりですから、ある程度学習が進んでいるお子さまならすらすら答えられたのではないでしょうか。もし、答えに詰まるようなら次のような原因が考えられます。①年齢なりの言葉の知識、つまり語彙がない。②絵と言葉が結びつかない、絵が何をあらわしているのかわからない。このうち、①についてはとにかくお子さまが言葉を覚える機会を逃さないようにすることです。言葉カードのような知育玩具もありますが、それよりは生活の場面で目にするものやお子さまが関心を持ったものの言葉を、保護者の方が使い方を含めて教える方が効率がよいかもしれません。②に関しては類題にあたって「実物と絵の差」を学んでください。慣れるほどお子さまの理解は深まり、語彙も増えていきます。

【おすすめ問題集】
Ｊｒ・ウオッチャー17「言葉の音遊び」、49「しりとり」、
60「言葉の音（おん）」

問題17　分野：言語（頭音つなぎ）

〈準 備〉　鉛筆

〈問 題〉　左の四角の絵の、最初の音をつないでできる言葉を、右の絵の四角から選んで、線でつないでください。

〈時 間〉　1分

〈解 答〉　下図参照

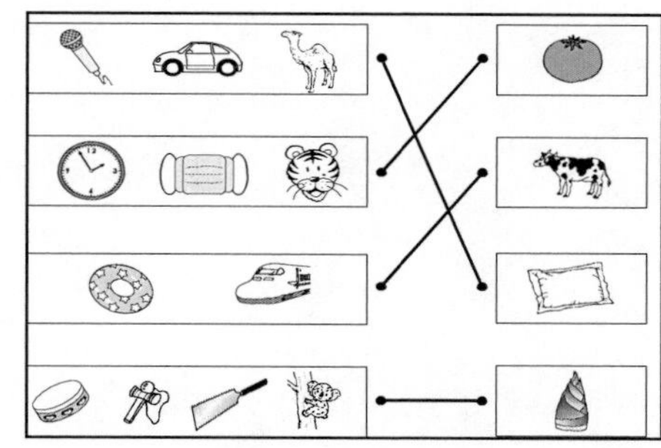

［2020年度出題］

学習のポイント

言葉の音（おん）の問題です。言葉の音（おん）とは簡単に言えば、読み方のことですが、これを理解するには、お子さまが言葉を覚える段階で「ね、ず、み」のように1音ずつ切って、はっきり発音して聞かせ、その言葉がいくつの音（おん）でできているか意識させてください。違う言葉でも何度か繰り返せば、お子さまも言葉の成り立ちや言葉の音を理解するでしょう。なお、当校入試では言語分野の問題が頻出していますので、類題の学習はもちろん、「日常で使う言葉」を増やしてしていく必要があります。それは「知らないものの名前を覚える」ということだけではありません。当校で言えば、少なくともほかの分野の問題（面接や運動、行動観察を含む）で登場するもの、指示で使われる言葉を含めて学ぶということです。

【おすすめ問題集】

Ｊｒ・ウォッチャー17「言葉の音遊び」、60「言葉の音（おん）」

問題18 分野：図形（展開）

〈準備〉 鉛筆

〈問題〉 左の折り紙の色の部分を、ハサミで切り抜いてから開いた時、どのような形になりますか。右の中から選んで○をつけてください。

〈時間〉 1分

〈解答〉 ①左から2番目 ②左端 ③右から2番目 ④左端

［2020年度出題］

学習のポイント

折り畳んである絵を広げたら、どの図形になるのか考える「展開」の問題です。小学校受験ではこういった図形分野の問題の出題が増えていますので、当校でも出題される機会が増えていくでしょう。さて、展開の問題では、いきなり「折り畳まれているものを広げたらどうなるか」と聞かれると、お子さまはよくわからなくなってしまいます。慣れるまでは「折り目の線を軸にして見えている形と左右反転した形が裏側にもある（切り抜かれている）」、という説明を付け加えてください。説明してわからなければ実際に紙を折って、切り抜きお子さまに見せてもよいでしょう（何度も行うのはどうかと思いますが）。この問題に限ったことではありませんが、「何を聞かれているか」「どのように考えればよいか」がわかれば、お子さまはこうした問題はすらすら解くものです。

【おすすめ問題集】

Ｊｒ・ウォッチャー5「回転・展開」、8「対称」

問題19 分野：数量（積み木）

〈準備〉 鉛筆

〈問題〉 積み木はそれぞれ何個ありますか。その数だけ右の四角の中に○を書いてください。隠れている積み木もあるので注意してください。

〈時間〉 1分30秒

〈解答〉 ①○：6 ②○：12 ③○：17

［2020年度出題］

学習のポイント

積み木の数の問題です。もし、お子さまがよく理解していないなら次の方法を試してください。①基本となる8個の積み木で構成するサイコロのような立方体（積み木が下段4つ、上段4つの立方体）をイメージする　②その形を基準に積み木いくつ多いのか（少ないのか）と考えて答えを出す、という方法です。問題①なら、基本となる積み木に対して上段の積み木が2つ少ないので8－2＝6ということになります。この考え方のよいところは、「（ほかの積み木の下に置かれて）描かれていない積み木」について推測しなくても正しい答えが出せることでしょう。ただし、②や③のように多くの積み木が使われていると、混乱の原因になってしまうこともあります。使用はケース・バイ・ケースという形で教えてください。

【おすすめ問題集】

Ｊｒ・ウオッチャー14「数える」、16「積み木」

問題20　分野：行動観察

〈準備〉　イス（５つ程度を一列に並べておく）、５ｍほどの間隔で２本の線を床に引く、机（10台程度）

〈問題〉　**この問題の絵はありません。**

（ＶＴＲで「イス渡り」と「ケンパ」、「模倣体操」のお手本が流れる）

①お手本のように、スタートの線からゴールの線まで、「ケンパ、ケンパ、ケンパ」のリズムで進んでください。

②お手本のように、イスの上に立ち、そこを落ちないように歩き、端まで行ったら振り返って、両足を揃えてジャンプでおりてください。

③（問題21の模倣体操の終了後）
みんなで片付けをします。イスは１つを１人で、机は１つを２人で持って、部屋の端に片付けしてください。

〈時間〉　適宜

〈解答〉　省略

［2020年度出題］

学習のポイント

行動観察の課題です。観点は指示の理解と協調性です。もちろん、片付けや待っている間のお子さまの態度も評価されます。ふだんの行動に不安があるようなら、「人に迷惑をかけない」「話を最後まで聞く」「一生懸命取り組む」といったことを試験前に言っておきましょう。とは言え、あまりにも小言を言い過ぎて萎縮させてもいけませんから、ほどほどにしてください。ふだんの集団行動が問題なくできているお子さまなら、特に何も言わなくてもよいかもしれません。国立小学校の行動観察（運動・制作）は能力を評価するものではなく、年齢相応のコミュニケーションが取れ、学校生活を問題なく送れるだけの協調性のあるなしを評価するためのものです。緊張しすぎて、突拍子もないことをするのだけは避けてください。

【おすすめ問題集】
Ｊｒ・ウォッチャー28「運動」、29「行動観察」

問題21　分野：運動（模倣体操）

〈準備〉　特になし

〈問題〉　**この問題の絵はありません。**
お手本のように、みんなでいっしょに体操をしてください。
・グーパー・グーパー・グーと手を広げたり閉じたりする。
・両手を前に出し、グーになるように親指から順に指を折る。グーになったら、小指から順に指を広げていく。
・両腕を前に出し、前から腕を下ろしながら前方へ３回ほど回す。
前から腕を上げながら後方へ３回ほど回す。

〈時間〉　適宜

〈解答〉　省略

［2020年度出題］

学習のポイント

指示通りに体を動かす模倣体操です。行う前にＶＴＲで見本が流れ、次に行う動きを見ることができます。そしてテスターからどのようにするのか指示が出されます。動き自体は難しいものではありませんが、指先の動きや腕を回す回数などの細かい指示があります。見逃しや聞き逃しがないように注意してください。指示やお話を最後まで聞いて、その通り行動するということしか評価されるものはありません。運動能力を評価されるものではない、という認識を保護者の方も持って指導にあたるようにしてください。

【おすすめ問題集】
Ｊｒ・ウォッチャー28「運動」、新運動テスト問題集

問題22　分野：親子面接

〈準備〉　ブロック４個程度、マーカー（黒）

〈問題〉　志願者への質問
●志願者に対して
・お名前を教えてください。
・今から絵を見せます。その絵を見て、やってはいけないこと、直した方がよいことを答えてください。
（問題22-1、問題22-2、問題22-3の絵から１つずつ見せる）
①電車のつり革にぶら下がっている子
②ボールで遊んでいるときにぶつかりそうな子
③なわとびやボールが箱の中から出ている
・今からお話をします。正しければ「マル」、間違っている時は「バツ」と答えてください。
①星は朝に見えます。
②お雑煮はクリスマスに食べます。
③キクは秋の花です。
④ダチョウは卵を産みます。
（問題22-4の絵を渡す）
・この漢字をペンでなぞってください。
・ブロックを使って、箱の形を作ってください。

保護者への質問
●母親に対して
・志望動機を教えてください。
・小中一貫校についてどのようにお考えですか。
・附属中学校への進学を希望されますか。
●父親に対して
・電車やバスでのマナー、あいさつは学校でも教えますが、家庭ではどのように教えていますか。
●保護者のいずれかに対して
・例えば、入学して「お子さまがお友だちのノートに落書きしているという複数の証言がありますが、お子さまは認めていない」と連絡があった場合、どのように対応しますか。
・急な病気などの時にすぐに迎えに来ることができますか。
・（受付時に渡されるプリントを見て）学校との約束を守れますか。
①本校指定地域内にお住まいで、居住地から直接登下校できますか。
②本校の教育活動や教育研究にご協力いただけますか。
③学年・学級ＰＴＡや個人懇親会に必ずご参加いただけますか。
④ＰＴＡ活動に積極的に参加し、ご協力いただけますか。
⑤ＰＴＡ役員をお引き受けいただけますか。
⑥ほかの保護者の方々と協調し、よりよい児童の育成およびＰＴＡ活動の運営を円滑に行っていただけますか。
⑦「自家用車による送迎禁止」等、本校で定められたきまりをお守りいただけますか。

〈時間〉　適宜

〈解答〉　省略

［2020年度出題］

学習のポイント

保護者と志願者は同じ会場ですが、別々のブースで面接に臨みます。保護者の方はお子さまが気になるでしょうが、自分の面接に集中しましょう。というのは、保護者に対しては意見を求めるというより、「正解」を求める問題が多いからです。特に例年聞かれる「本校指定地域内にお住まいで、居住地から直接登下校できますか」など、入学資格や入学後の教育への協力についての質問にはある程度準備して臨んでください。下手なことを言うと、その場で「失格」してしまいます。お子さまの面接では、名前が聞かれた後に、口頭試問があります。常識、特にルールやマナーについての質問が多いので過去問を参考にどのように答えるかを決めておいてください。同じ質問内容が数年続いています。

【おすすめ問題集】

新 小学校受験の入試面接Ｑ＆Ａ、面接テスト問題集、面接最強マニュアル、
新口頭試問・個別テスト問題集、新ノンペーパーテスト問題集

問題23　分野：集団行動

〈準　備〉　ボール（約10個）、紙（Ａ1サイズ、約10枚）、カゴ２つ

〈問　題〉　**この問題の絵はありません。**
①赤チームと白チームに分かれます。
②チームの中で２人１組のペア、運ぶ順番を決める。
③ボールを２人で紙に載せて、かごまで運んでいく。
④途中でボールを落としたら、次のペアに代わる。
⑤終わりの指示が鳴るまで続けてください。
⑥最後にみんなでボールの数を数えて、多かった方が勝ちです。

〈解　答〉　省略

［2020年度出題］

学習のポイント

チームに分かれて行う集団行動の課題です。こうした勝敗のあるゲームの場合、勝敗にこだわって、ほかのお友だちとトラブルにならないようにしてください。評価されるのはお子さまの姿勢です。つまり、先生の指示を聞くこと（状況を把握する力）、元気に主体的に取り組むこと（積極性、素直さ）、指示を守ってゲームを成立させること（協調性）、お友だちとコミュニケーションをとって共同作業を行うこと（社会性）、マナーを守ること（公共性）などです。これらは、お子さまが入学後に学校生活を営んでいく上で、大切なことです。日常生活を通してお子さま自身が自然に身に付けていけるように、家庭内でのコミュニケーションやお友だちとの遊びの時間を大切にしてください。

【おすすめ問題集】

Ｊｒ・ウォッチャー29「行動観察」、新ノンペーパーテスト問題集

問題24　分野：図形（図形分割）

〈準備〉　鉛筆

〈問題〉　３枚の絵を組み合わせて左の見本を作る時に使わないものを、右から選んで○をつけてください。２枚目も同じように答えてください。

〈時間〉　各15秒

〈解答〉　①右から２番目　②右から２番目　③左から２番目
④左端　⑤右端　⑥左端

［2019年度出題］

学習のポイント

「いらない絵（ピース）を答える」というパズルの問題です。完成図をイメージすることができ、いらない部品がひと目でわかる、というお子さま以外は消去法を用いて考えましょう。まず、両端（上下左右）に入りそうな絵に印を付けます。次に印の付いていない選択肢と印の付いている選択肢をつなげた時に、矛盾がないかどうかをチェックします。スムーズにつながっているものに印を付けると、残ったものが答えということになります。こういったテクニックを使わなくても、図形分野の問題は「慣れればわかる」というのも１つの考え方ですが、パズルという遊びではなく、問題として目にするとよくわからなくなるというお子さまもいるでしょう。そういったお子さまにはわかりやすい考え方です。

【おすすめ問題集】
Ｊｒ・ウォッチャー３「パズル」、45「図形分割」

問題25　分野：推理（シーソー）

〈準備〉　鉛筆

〈問題〉　シーソーを見て、１番重い動物に○をつけてください。

〈時間〉　各30秒

〈解答〉　①真ん中（クマ）　②左（ネコ）　③真ん中（キツネ）　④真ん中（ゴリラ）

［2019年度出題］

学習のポイント

シーソーの問題です。小学校入試の問題でよく見られるシーソーの問題は、１番重いものや２番目に重いものなど、重さの順番を答えます。基本的な解き方は「それぞれの重さの関係を確認し、重い順に並べた上で答えを見つける」です。例えば①の場合、左のシーソーからクマはウサギよりも重いことがわかり、右のシーソーからウサギはカエルよりも重たいことがわかります。この２つの関係から、重い順にクマ＞ウサギ＞カエルとなることがわかり、クマが正解となります。よくみると、１番重いものは１度も上の軽いところにはきません。また１番軽いものは１度も下の重いところにはきません。このシーソーの法則を理解し、比較していくとお子さまは理解しやすいでしょう。ただ、気を付けてほしいのは、問題の中の果物の重さの関係は、描かれている大きさや、実際の果物の重さとは無関係ということです。「リンゴは大きいから重い」「イチゴはふつう軽い」などと、思い込みで判断したりしないように、あくまでもシーソーを使った比較で判断するように指導してください。

【おすすめ問題集】

Ｊｒ・ウォッチャー31「推理思考」、33「シーソー」、58「比較②」

問題26　分野：推理（シーソー）

〈準備〉　鉛筆

〈問題〉　シーソーを見て、１番重いものに○をつけてください。

〈時間〉　各30秒

〈解答〉　下図参照

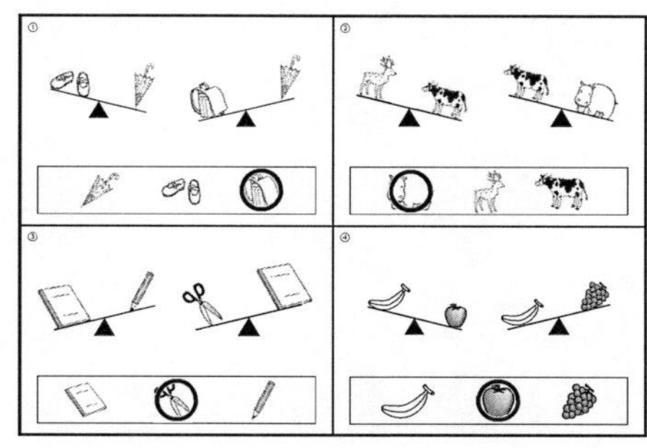

［2018年度出題］

選択肢の中で１番重いものを選ぶ、シーソーを使った比較の問題です。それぞれのシーソーからわかる「～より～が重い（軽い）」という条件をまとめ、「順位付け」をしてから回答することになります。また、１問あたりの回答時間は短いので、じっくりと考えている余裕はありません。解き方のポイントとしては、まずは１番重いものを見つけることです。①の場合、右のシーソーでは、うわばきと傘があり、傘の方が重いとわかります。同じ様に左のシーソーを見ると、傘よりもランドセルの方が重いことがわかります。それぞれのシーソーから、うわばき＜傘＜ランドセルということがわかり、ランドセルが１番重いということがわかります。１番重いものを先にみつけることは、「何番目に重いものに○をつけてください」という問題の時でも、ほかの選択肢に絞れる手段の１つになるので、ぜひこの流れで問題を解いて、慣れてください。

【おすすめ問題集】

Ｊｒ・ウォッチャー31「推理思考」、33「シーソー」

問題27　分野：図形（点・線図形）

〈準　備〉　鉛筆

〈問　題〉　左の見本と同じように、右の点を線でつないでください。２枚目も同じように答えてください。

〈時　間〉　各20秒

〈解　答〉　省略

［2018年度出題］

学習のポイント

見本通りに、点を線でつなぐ問題です。評価対象として注目されるのは、①見本と同じ点（座標）を特定できる。②線をきれいに引くことができるという２つのポイントです。同じ点（座標）に引くためには、「左から○番目、上から○番目」というように、まず書き始める点（始点）を自分なりに決めておくとよいでしょう。始点を決めれば、次はどこまで線を引くのか、同じように決めて、まっすぐな線を１つひとつ引くようにしましょう。一気に曲がる線まで書いてしまうと、線もまっすぐになりませんし、線を引きすぎてしまう場合があります。本問は当校を受験するお子さまのほとんどが正答できるものなので、きれいに線を引くというところで、ほかのお子さまと差を広げていきたいものです。

【おすすめ問題集】

Ｊｒ・ウォッチャー１「点・線図形」、２「座標」、51「運筆①」、52「運筆②」

問題28　分野：図形（パズル）

〈準 備〉　鉛筆

〈問 題〉　右側の２つの形を合わせると、左の四角に書いてある形になるものを、右の四角から２つ選んで○をつけてください。

〈時 間〉　各30秒

〈解 答〉　下図参照

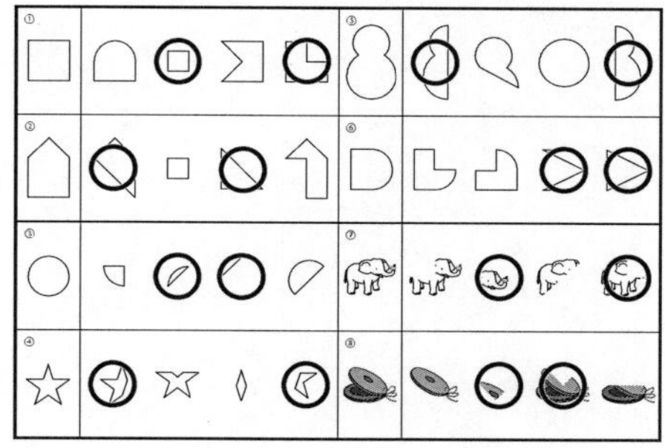

［2018年度出題］

学習のポイント

見本の絵と同じ形になるように、選択肢の中から２つのピースを選ぶパズルの問題です。⑦や⑧のような動物や楽器などの絵を使った問題では、足りない部分を想像して補うという、欠所補完の考え方も取り入れるとわかりやすいでしょう。本問を解く基本的な考え方は、見本の形や絵をイメージした上で、足りない部分を補うには、どんな形が必要か全体をイメージすることです。最後に、線の傾きや角度の大きさ、絵の中の線のつながりなどの、その図形の特徴に注目して、正しい組み合わせを選んでいきましょう。こうした図形の問題において必要となる、図形の特徴をとらえる能力や、図形の変化（欠ける、回転するなど）を想像する力を鍛えるには、経験を積むしかありません。類題ばかりでなく、タングラムやジグソーパズルなどを楽しみながら、図形に関する知識を深めていきましょう。

【おすすめ問題集】

Ｊｒ・ウォッチャー３「パズル」、９「合成」、31「推理思考」

問題29　分野：常識（仲間さがし）

〈準 備〉　鉛筆

〈問 題〉　上の絵の仲間を、下の四角から選んで○をつけてください。

〈時 間〉　各30秒

〈解 答〉　①右から２番目（自動車、四輪）　②左端（イルカ、ほにゅう類）
③左から２番目（ツバキ、冬）　④右から２番目（リンゴ、実が木になる）
※お子さまがこの解答以外に○をつけた場合、説明を聞いて、問題の主旨とあっていると判断できる場合は、正解としてください。

［2018年度出題］

学習のポイント

並んでいる絵の共通点を考える常識分野の問題です。年齢相応の知識量や、その知識から共通点を見つける発想力が観られます。こうした、知識を得るための学習では、まずものの名前と姿形を覚え、次にその特徴や使用方法などをおぼえるようにしましょう。名前を覚えるのは単純な記憶ですが、ものの「特徴・性質」を覚えるのは、体験を伴っていないとなかなか身に付きません。また、得た知識は整理しないとこうしたテストには活用できませんので、そのような機会をつくっておくとよいでしょう。生活環境によっては、そういう機会をつくるのは難しいかもしれません。図鑑やインターネットなどさまざまなメディアを使うことで補っていくことができます。また③は「正月（門松）」「節分（豆まき）」「クリスマス」から「冬」が共通点となります。小学校入試で、このような季節を問う問題は「３～５月」を春、「６～８月」を夏、「９～11月」を秋、「12～２月」を冬と考えます。行事、花、旬の野菜などの季節を問われることは多いので、参考にしてください。

【おすすめ問題集】
Ｊｒ・ウォッチャー11「いろいろな仲間」

問題30　分野：推理（系列）

〈準 備〉　鉛筆

〈問 題〉　空いている四角に入る絵を下の四角から選んで、その四角に書かれた印と同じ印をつけてください。

〈時 間〉　各30秒

〈解 答〉　下図参照

［2018年度出題］

学習のポイント

並び方の「お約束」を見つける系列の問題です。「○、△、□…の順番で並んでいるから」というように、答えを選んだ理由を説明できるようになれば、この問題を理解できていると言えるでしょう。解き方のハウツーとしては、同じ記号や絵を探してそれぞれ別の指で押さえ、その指の間隔を保ったまま、隣にずらしていき、空欄になっている部分まで移動した時、もう一方の指が押さえている絵柄を見るという方法があります。しかし、こうしたハウツーを最初から教えても、お子さまの学力向上には役立ちません。パターン（お約束）を発見できるだけの観察力や思考力を養うことを目的に、その場面に応じたヒントを与えながら、お子さま自身に十分に考えさせてください。この種の問題に慣れていないうちは、回答時間を気にせずに取り組み、系列のパターン（お約束）を見つけることに慣れてきたら、それぞれの問題の解答時間内に答えられるだけのスピードを意識しながら、類題に取り組んでください。

【おすすめ問題集】

Ｊｒ・ウォッチャー６「系列」、31「推理思考」

問題31　分野：言語（頭音つなぎ）

〈準備〉　鉛筆

〈問題〉　左の四角の絵の、最初の音をつなぐとできる言葉を、右の絵の四角から選んで、線でつないでください。

〈時間〉　１分

〈解答〉　下図参照

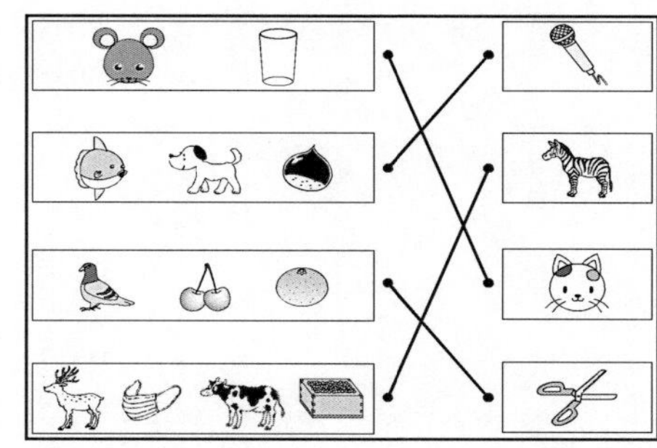

［2018年度出題］

学習のポイント

本問は、左の四角の絵の中にあるものの最初の言葉の音（おん）をつないでできた言葉がどれか、右の絵の四角から選んで結ぶ問題です。例年よく出題されている問題なので、確実に慣れておきましょう。音（おん）というと、一見難しく聞こえますが、いわゆる読み方のことです。本問を解いていくポイントとしては、右の絵をしっかり読むことから始まります。右の絵は上から順にマイク、シマウマ、ネコ、ハサミとなっています。マイクは「マ、イ、ク」の３つの音（おん）からなっているので、答えは左の絵の上から２番目のマンボウ、イヌ、クリの段と結ぶということになります。言葉の音（おん）を理解するには、お子さまが言葉を覚える時に、１音ずつきって、はっきり発音して聞かせるとよいでしょう。

【おすすめ問題集】

Ｊｒ・ウォッチャー17「言葉の音遊び」、60「言葉の音（おん）」

問題32　分野：集団行動

〈準備〉　トイレットペーパー（20巻程度）をダンボール箱に入れておく

〈問題〉　**この問題は絵を参考にしてください。**
（５人グループに分かれ）
お手本のように、グループで協力してトイレットペーパーを積んでください。
１番高く積み上げげたグループが優勝です。
①グループで相談して、順番に１列に並んでください。
②後ろのダンボール箱から、トイレットペーパーを１つずつ出して、前の人に渡してください。もらった人はさらに前の人に渡しましょう。
③１番前の人は、もらったトイレットペーパーを、お手本の通りに置いて、列の１番後ろに回ってください。１番前の人が後ろに回ったら、ほかの人は列の１つ前に出てください。
④「やめ」というまで続けてください。

〈時間〉　適宜

〈解答〉　省略

［2018年度出題］

学習のポイント

４～５人のグループに分かれて行う集団行動の課題です。グループごとに速さを競うゲーム形式で行われます。指示を聞き、その通りに行動できるかという点と、お友だちと仲良く協調して作業が行えるかという点が観点です。日常の中で、お友だちと遊んでいる時でも、こうした勝敗のあるゲームだと、勝敗にこだわりすぎて、楽しめなくなってしまうお子さまもいるかもしれません。本課題の中でそういう行動をしてしまうと、よい評価は得られないでしょう。トイレットペーパーを高く積んだという結果よりも、グループのお友だちと協力しながら取り組む姿勢が大切だからです。というのも、入学後の学校生活において、ほかのお友だちと協力して取り組む姿勢が大切だからです。

【おすすめ問題集】
Ｊｒ・ウォッチャー29「行動観察」、新ノンペーパーテスト問題集

問題33　分野：図形（点・線図形）

〈準 備〉　鉛筆

〈問 題〉　左の絵を右に書き写してください。

〈時 間〉　1分

〈解 答〉　省略

［2017年度出題］

学習のポイント

図形の問題は、小学校入試において頻出分野の1つです。描いてあるものを正確に認識しているかが評価されます。本問は左の見本と同じ図形を書き写す問題なので、当校を受験するお子さまにとっては、難しくないものでしょう。本問のような点・線図形の問題が出題されたら、確実に書けるようにしておいてください。もし、お子さまが本問につまずいてしまうようなら、「上から下へ」や「左から右へ」というようにあらかじめ、自分で線を引くルールを決めておくようにアドバイスしましょう。線をどこからどこまで引けばよいのか、目安が付きやすくなります。

【おすすめ問題集】

Ｊｒ・ウォッチャー１「点・線図形」、２「座標」、51「運筆①」、52「運筆②」

問題34　分野：数量（計数・選んで数える）

〈準 備〉　鉛筆

〈問 題〉　（問題34の絵を渡して）
絵の中から「○」と「△」のカードを数え、下のそれぞれのカードの右側に、その数だけ○を書いてください。

〈時 間〉　1分

〈解 答〉　○：○を５　△：○を５

［2017年度出題］

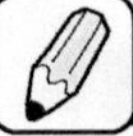

学習のポイント

計数の問題は当校で例年よく出題されている問題です。10以上の数を扱うことも多いので、余裕を持って20くらいまでの数を把握しておきましょう。「数を把握する」というのは、おはじきなどの具体物を使わなくても、数を増やしたり、減らしたりが頭の中でできるということです。また、カードの向きにも惑わされないようにしてください。自分でパターン（左から右へのような）を決めて、数え忘れ、重複がないように注意するのもポイントです。本問のような数量の問題を保護者の方が説明をすると、お子さまはかえってわかりづらくなるものです。まずは、おはじき・積み木など、具体物を積極的に使って、お子さまのレベルに合った学習に取り組んでみましょう。

【おすすめ問題集】

Ｊｒ・ウォッチャー14「数える」、37「選んで数える」

☆愛知教育大学附属名古屋小学校

問題12－1

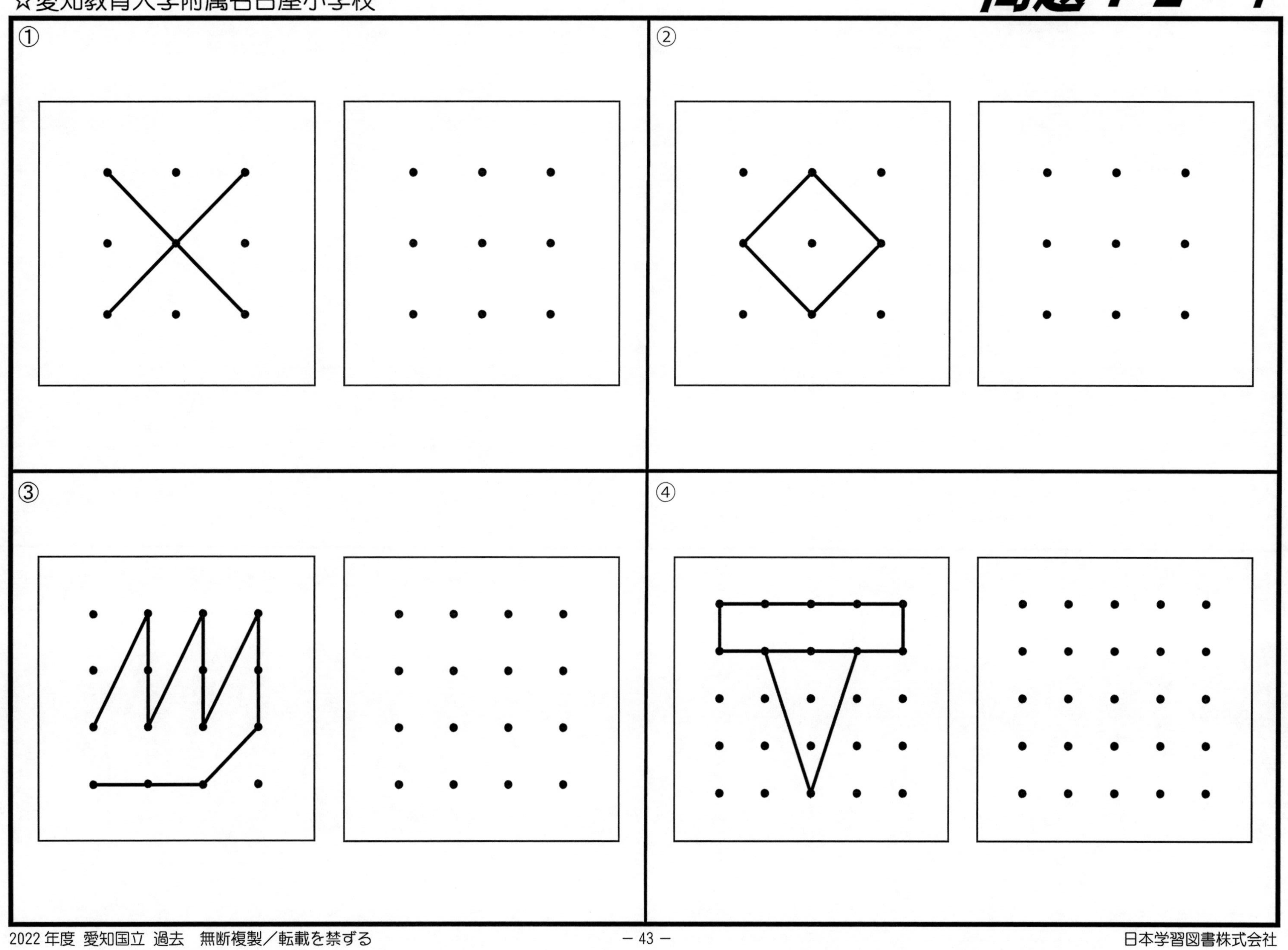

問題１２－２

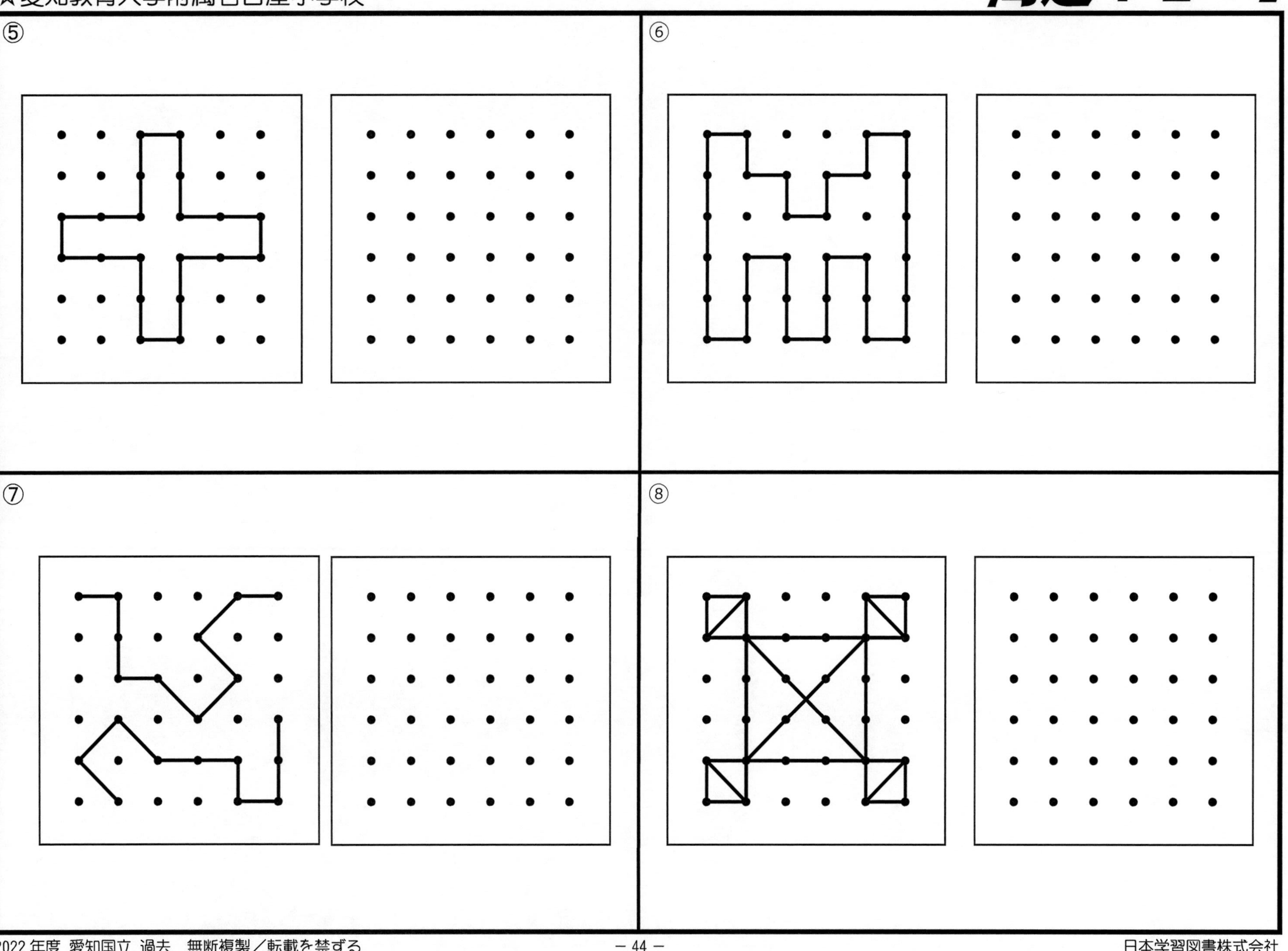

　

日本学習図書株式会社

問題１３

①

②

③

④

⑤

⑥

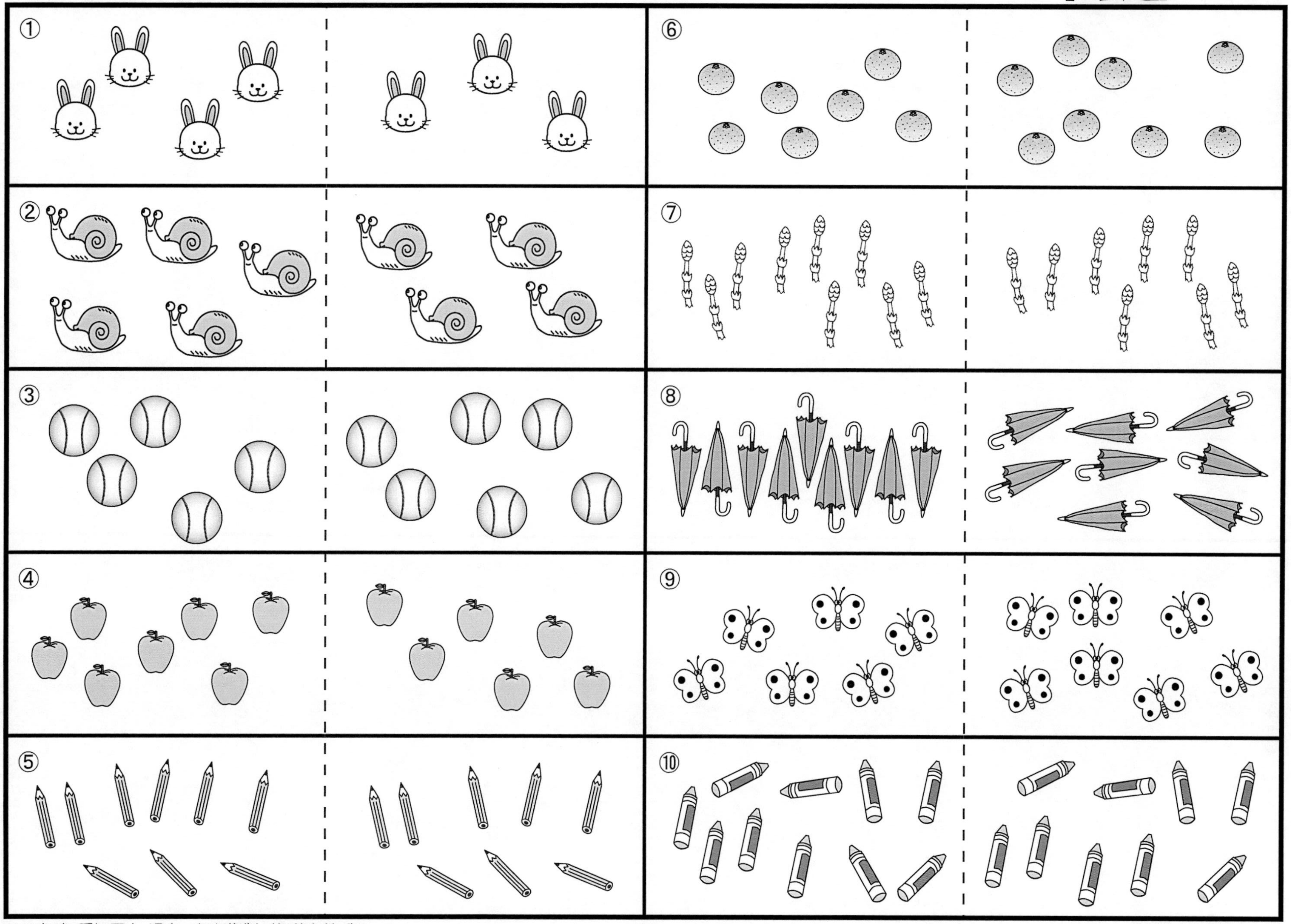

⑦

⑧

⑨

⑩

☆愛知教育大学附属名古屋小学校

問題１４－1

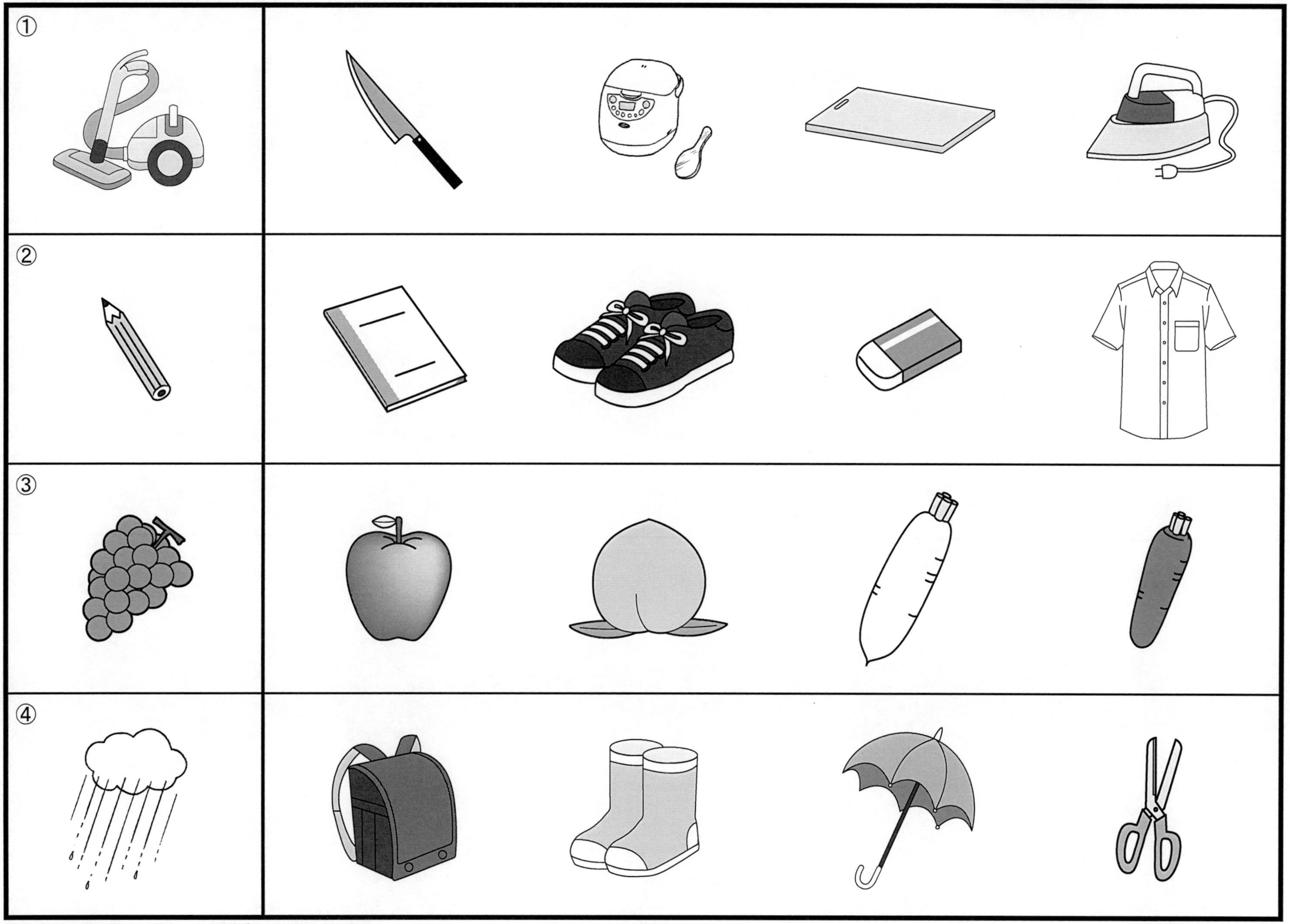

①	
②	
③	
④	

日本学習図書株式会社

問題１４－２

⑤

⑥

⑦

⑧

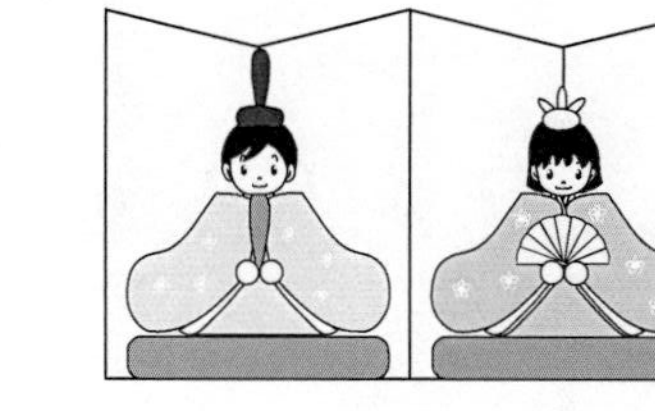
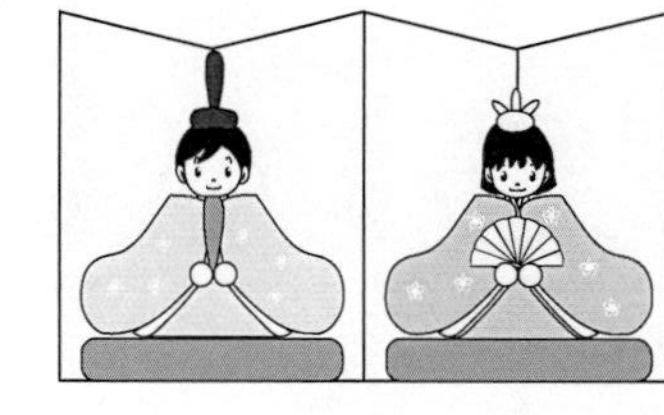

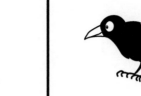

☆愛知教育大学附属名古屋小学校

問題１５

問題16

①

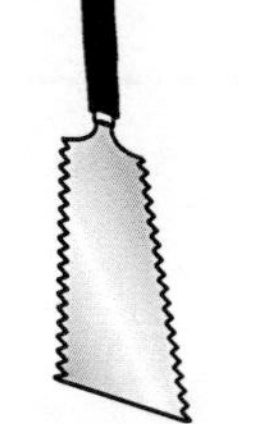

②

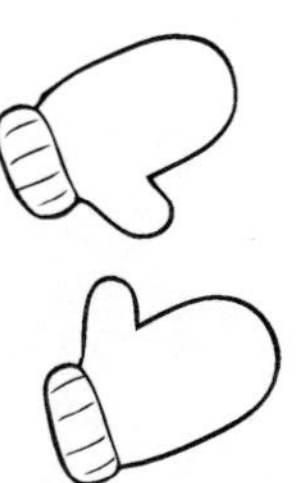
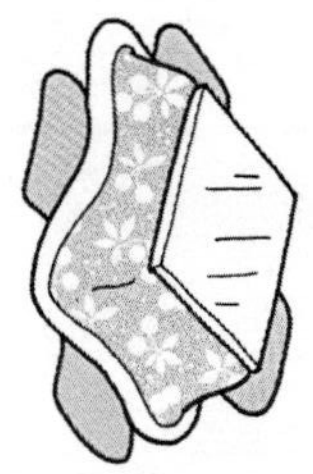

③

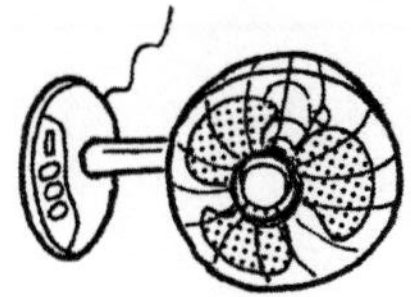

④

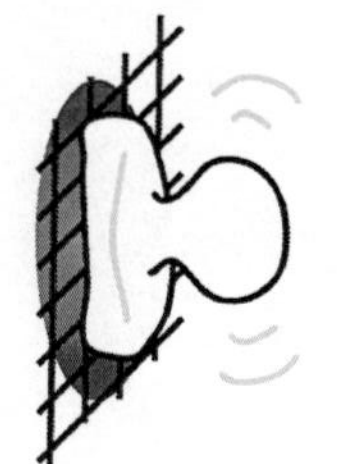
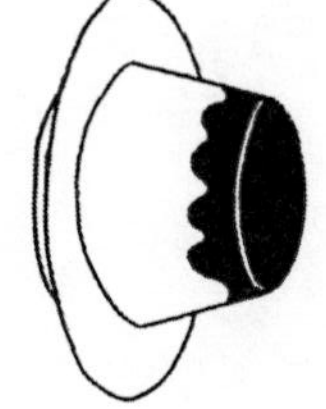
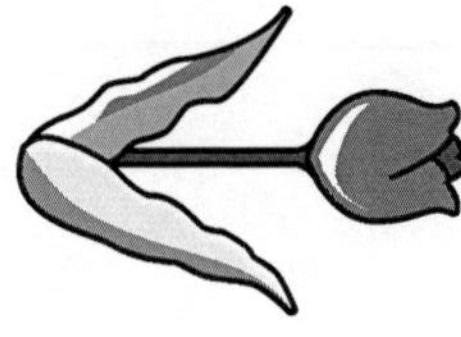

⑤

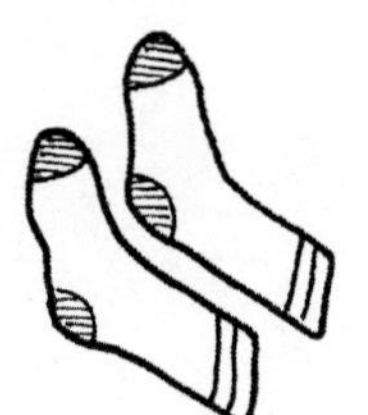

日本学習図書株式会社

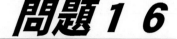

☆愛知教育大学附属名古屋小学校

問題１７

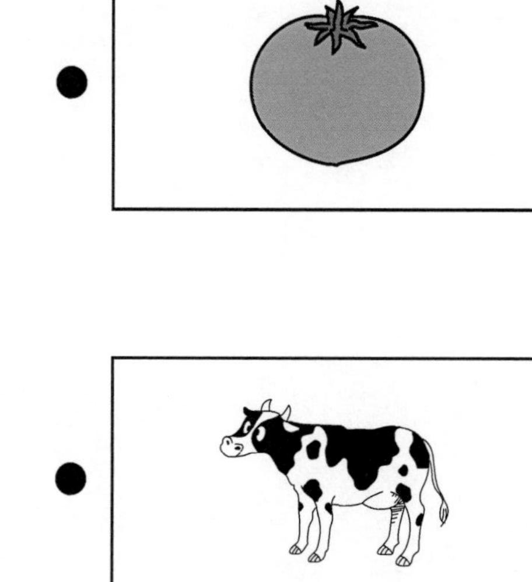

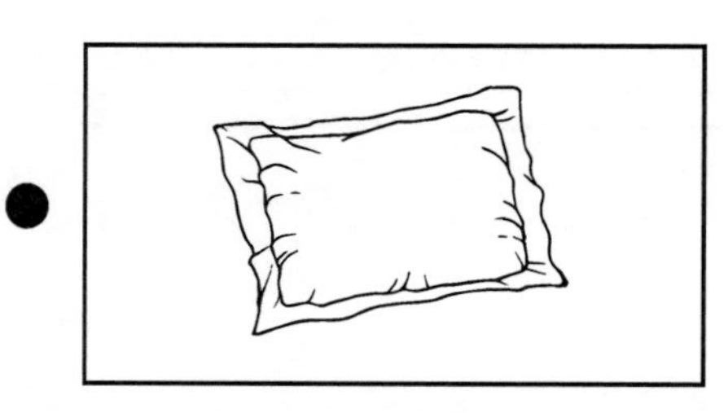
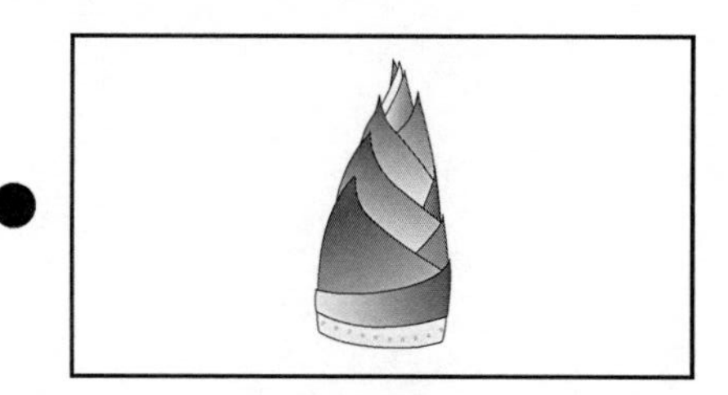
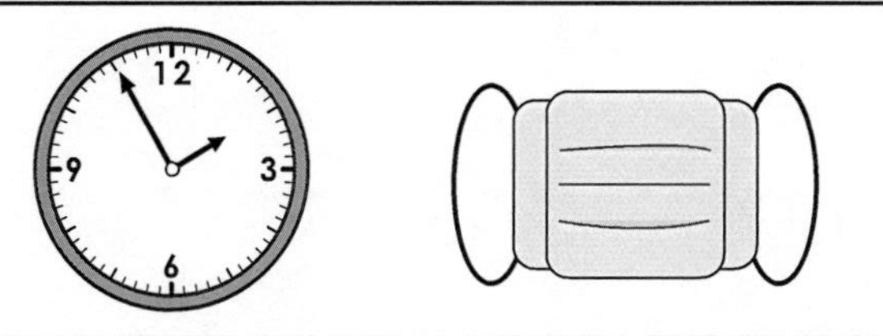

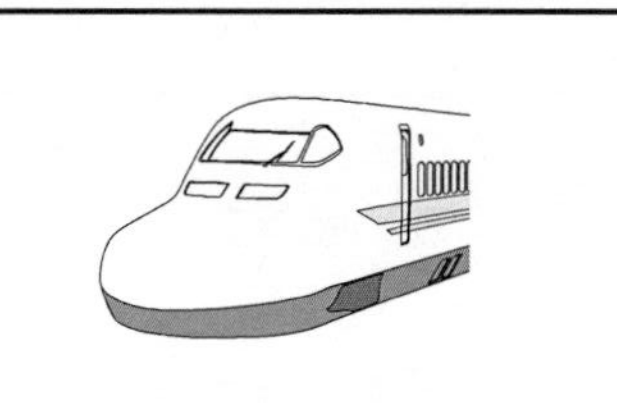

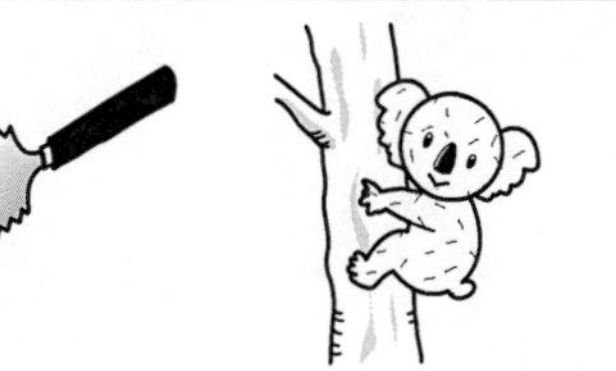

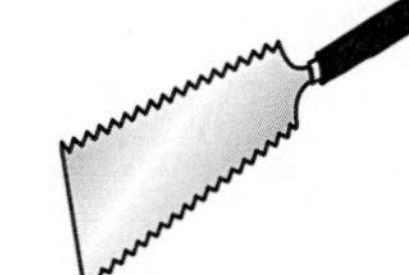
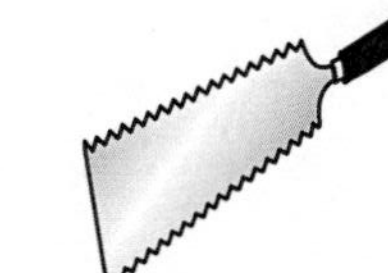
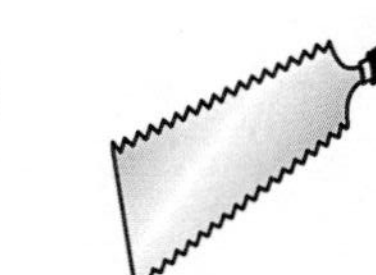
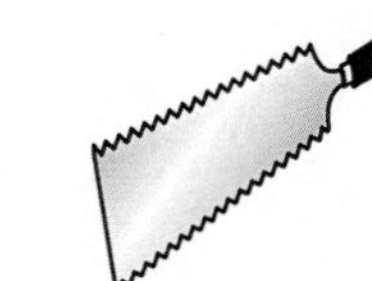
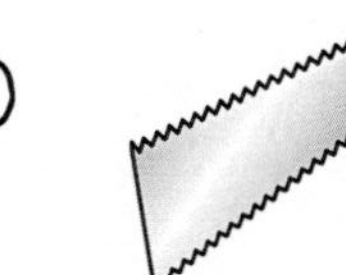
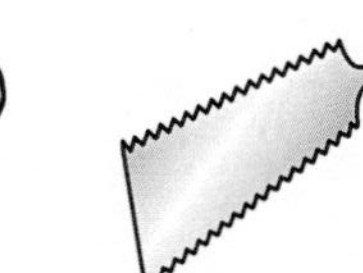
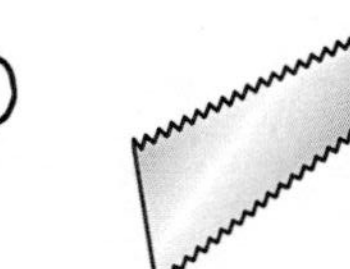

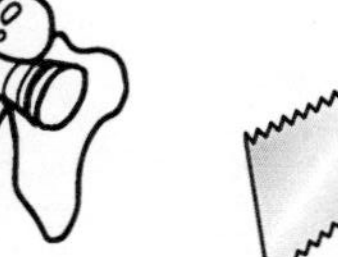

問題１８

①

②

③

④

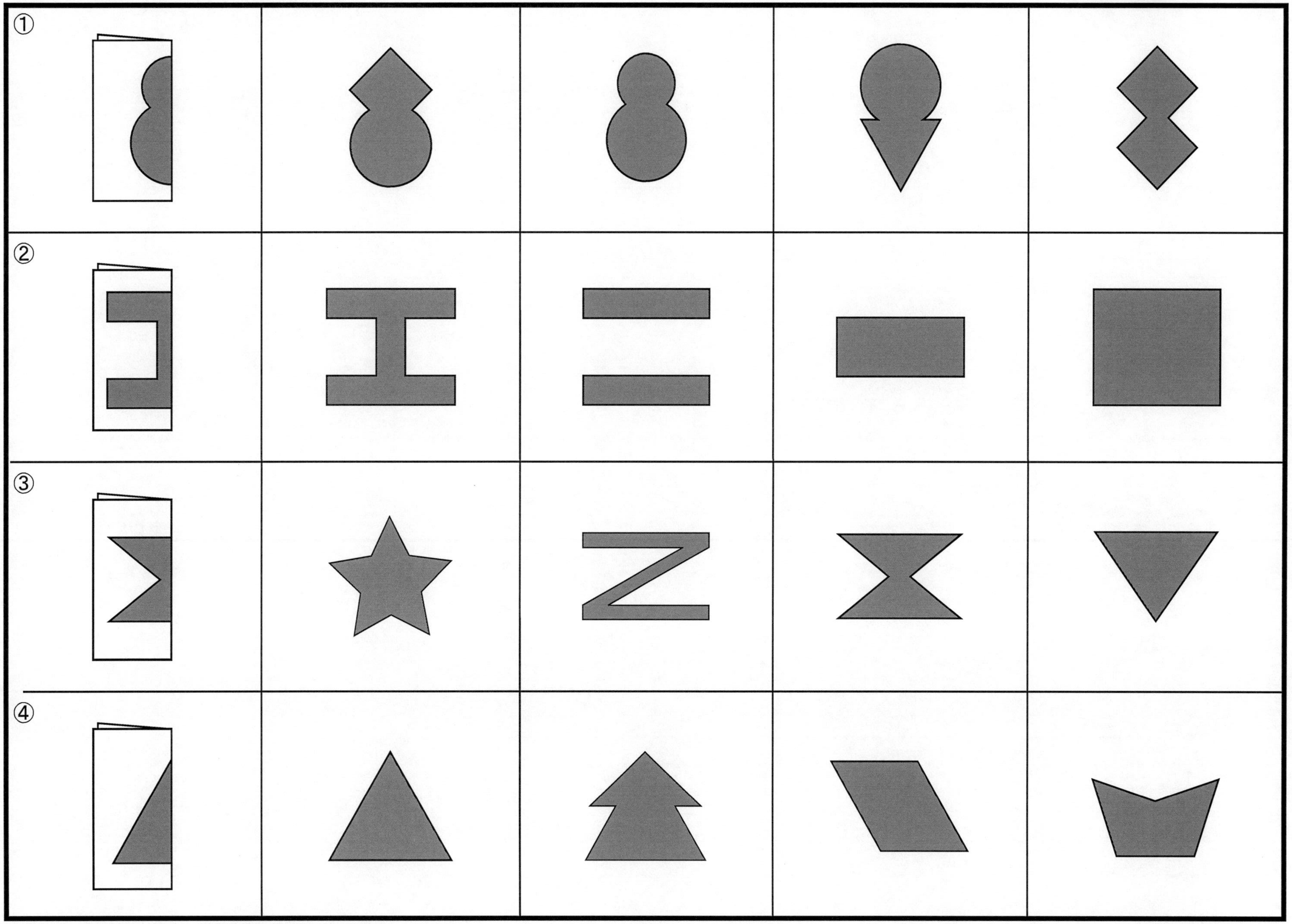

問題１９

①

②

③

問題２２－１

問題２２－２

問題22－3

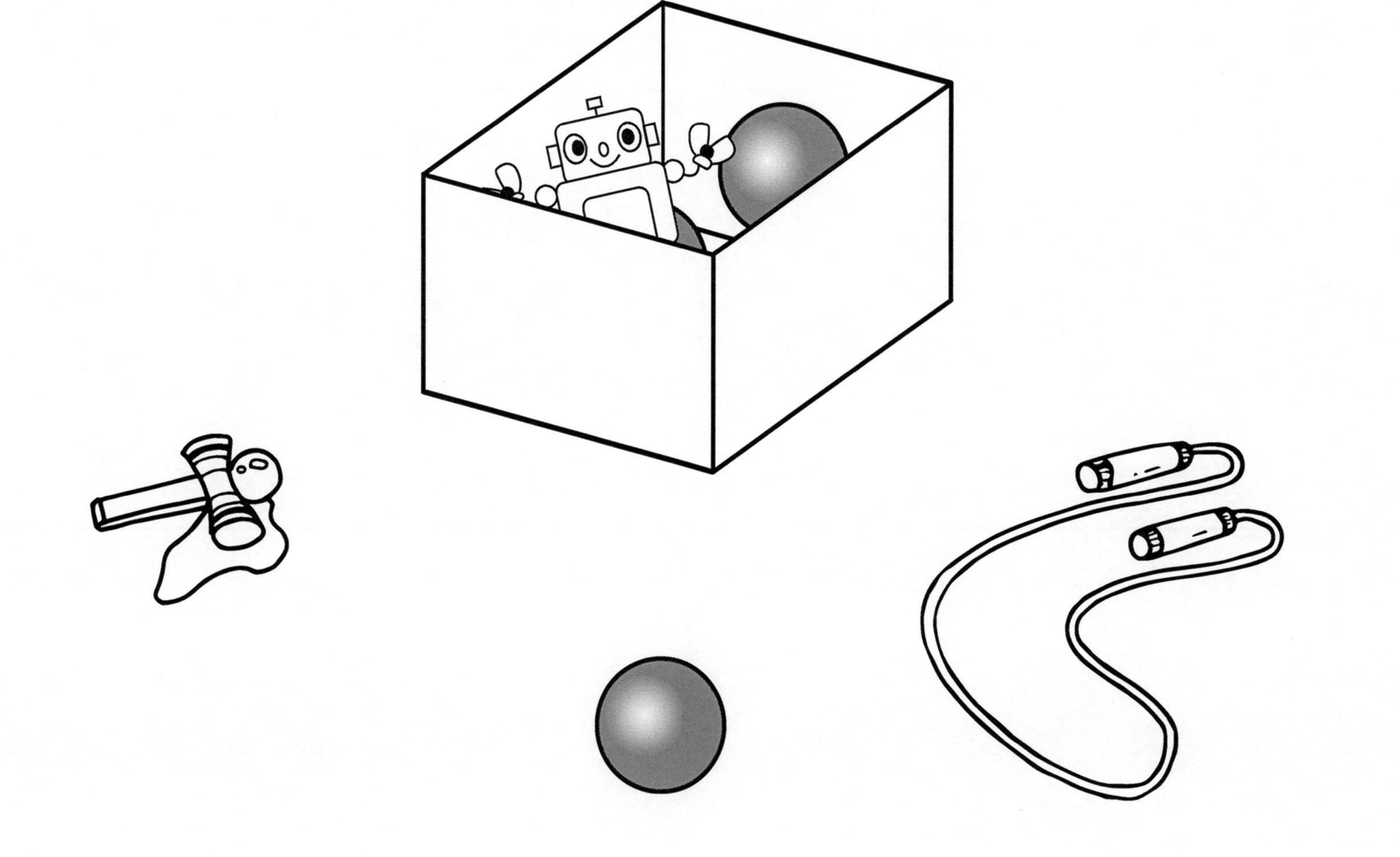

問題２２－４

山

虫

問題２４－１

①

②

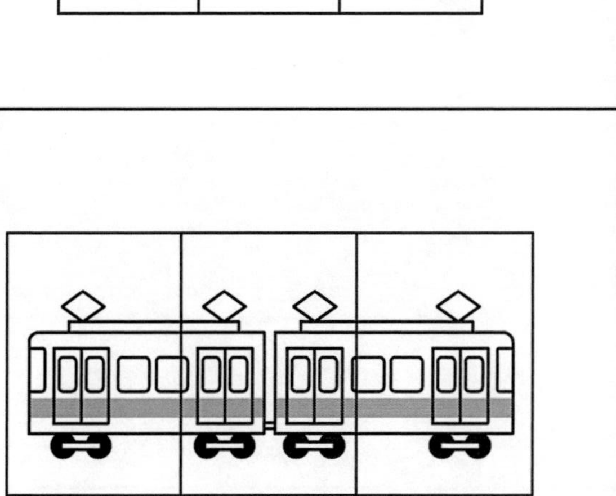
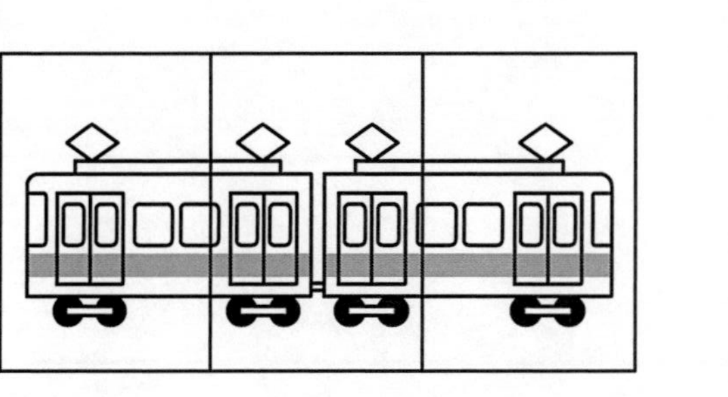

③

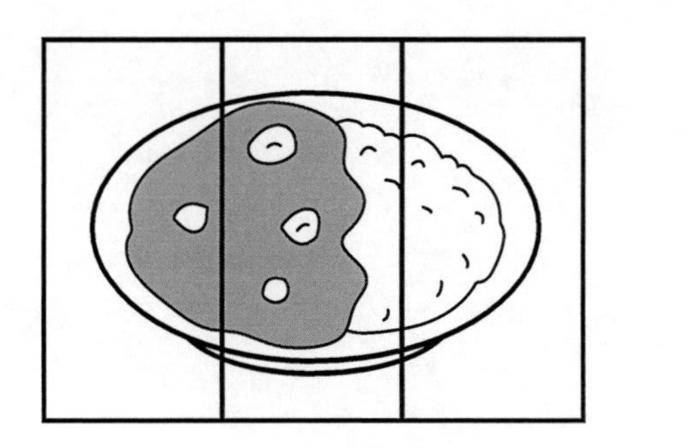

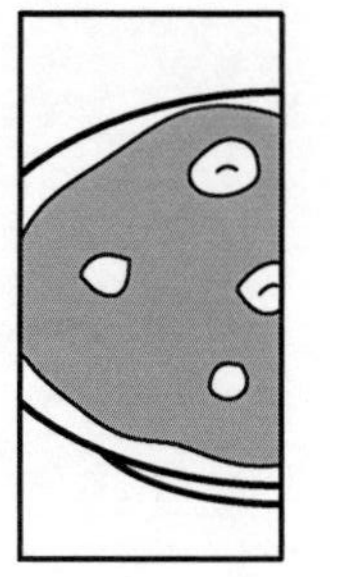
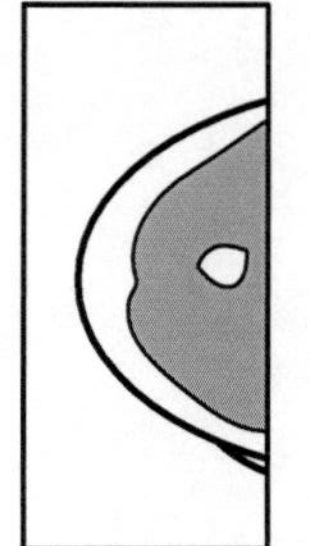
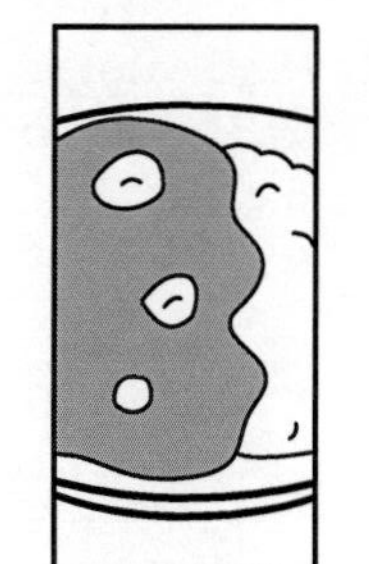

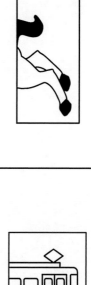

問題２４－２

④

⑤

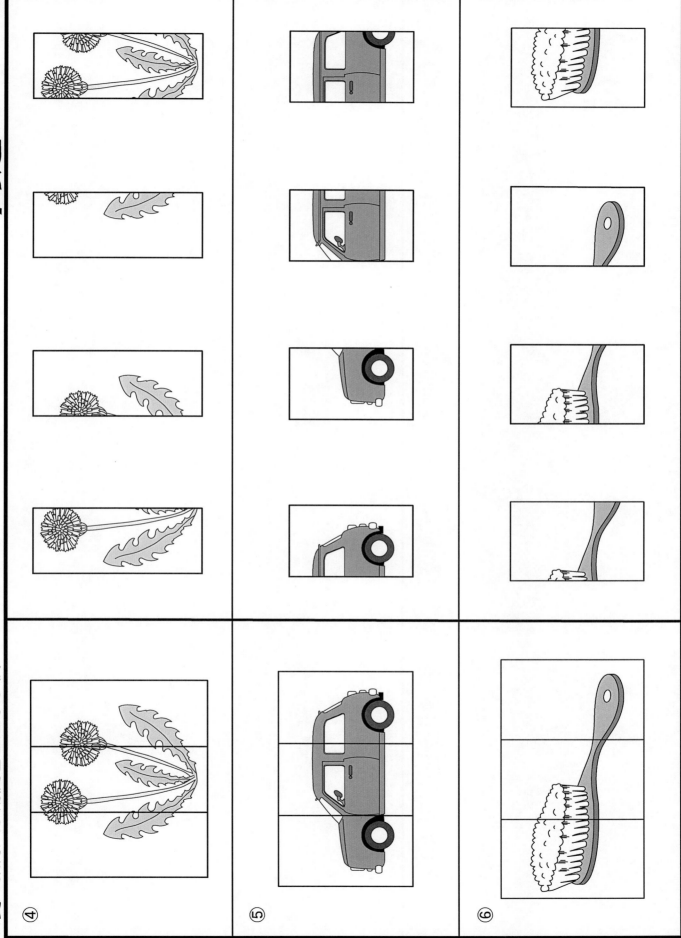

⑥

☆愛知教育大学附属名古屋小学校

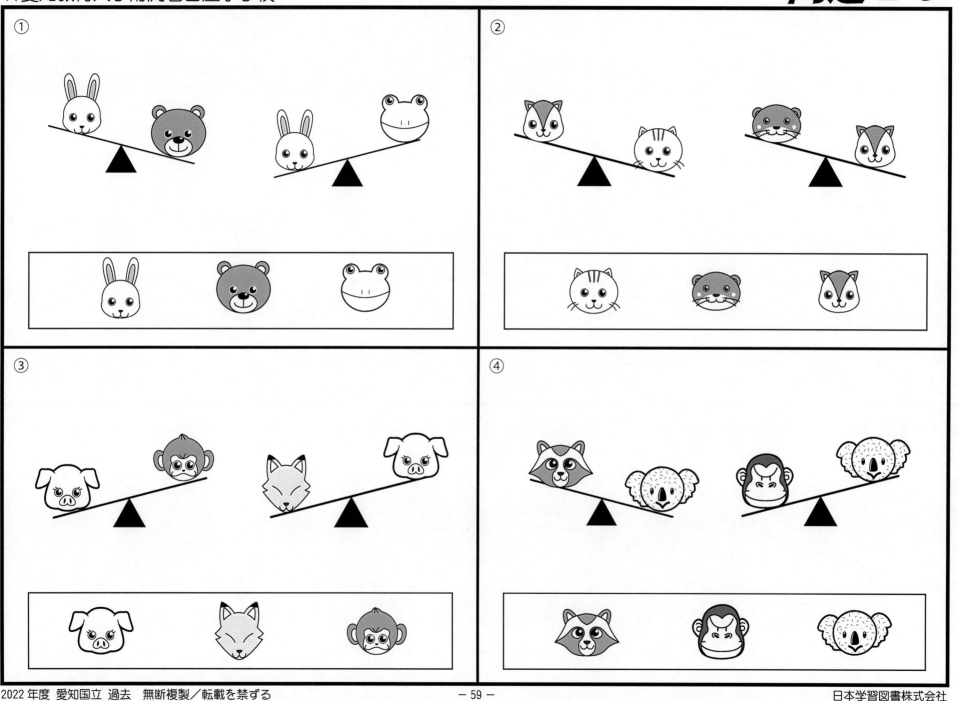

問題２５

①

②

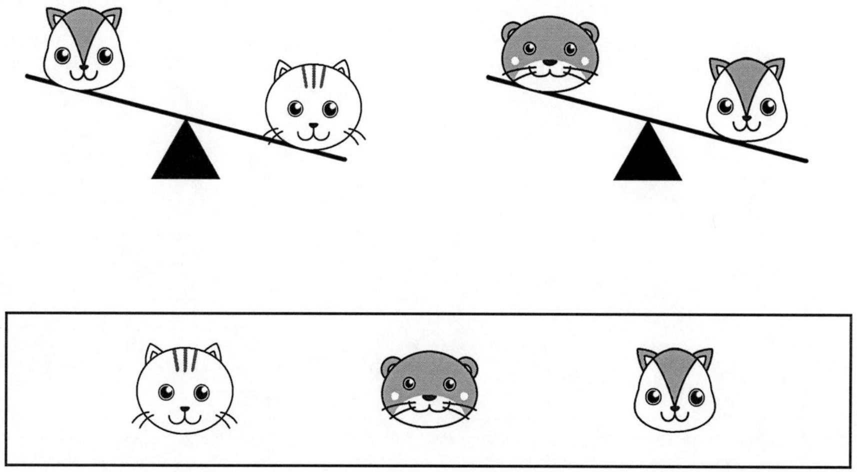

③

④

問題２６

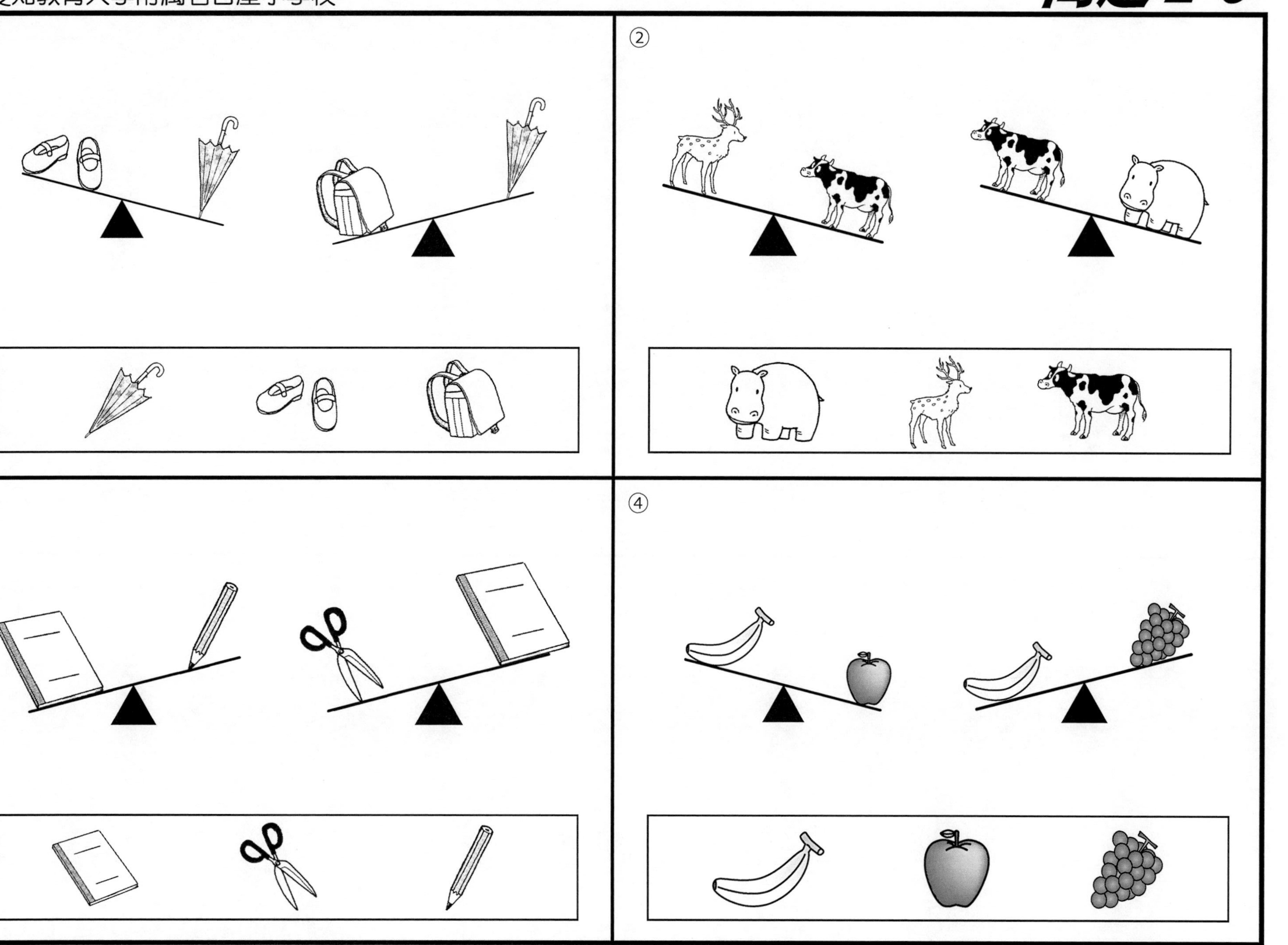

　

日本学習図書株式会社

問題２７－１

①

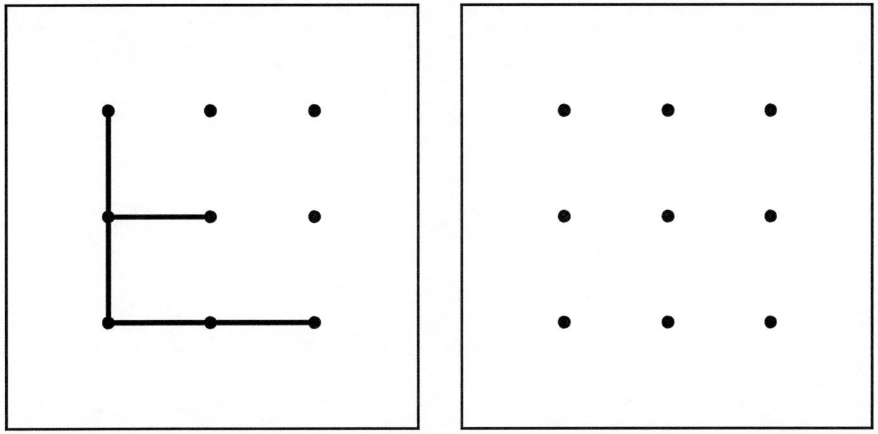

②

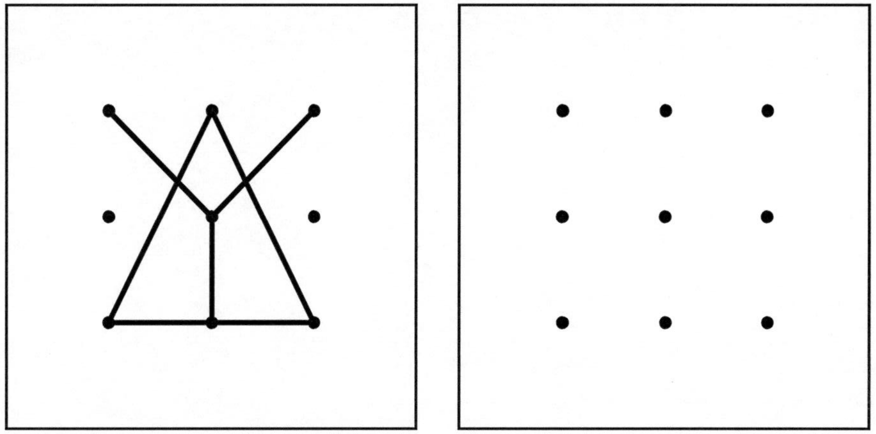

③

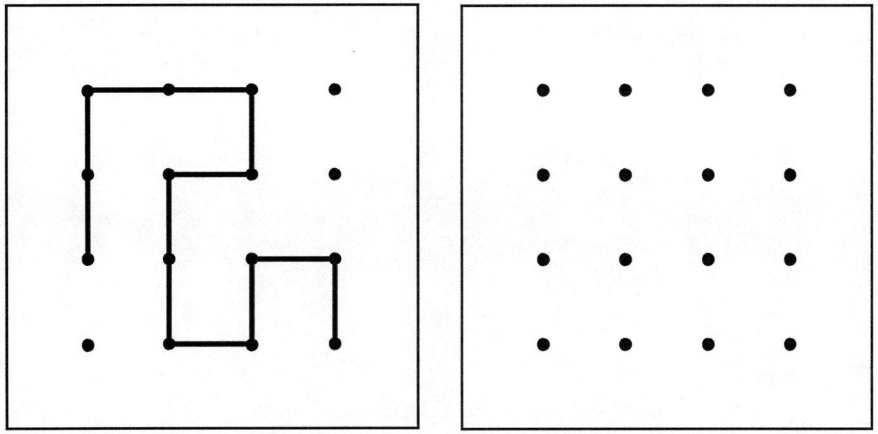

④

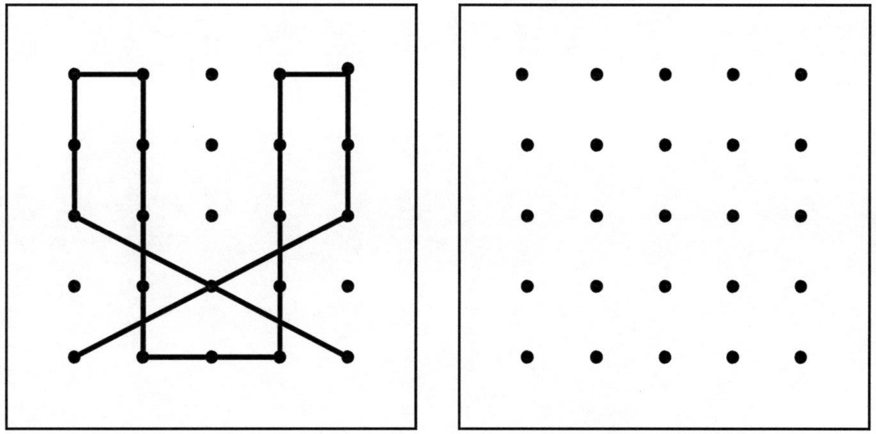

日本学習図書株式会社

問題２７－２

⑤

⑥

⑦

⑧

☆愛知教育大学附属名古屋小学校

問題２８

①	⑤
②	⑥
③	⑦
④	⑧

☆愛知教育大学附属名古屋小学校

問題29

①

②

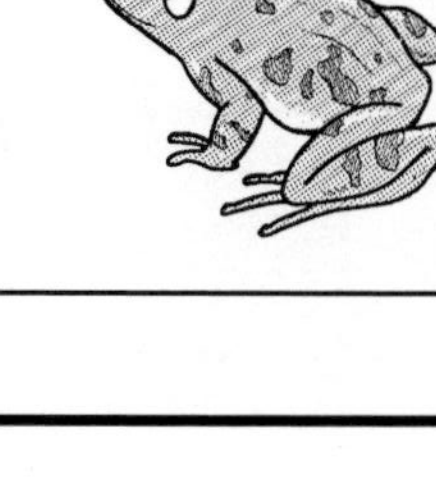

③

④

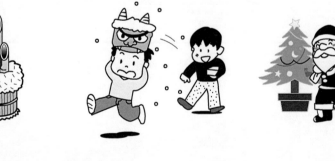

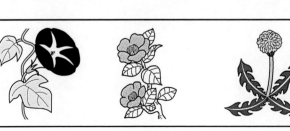

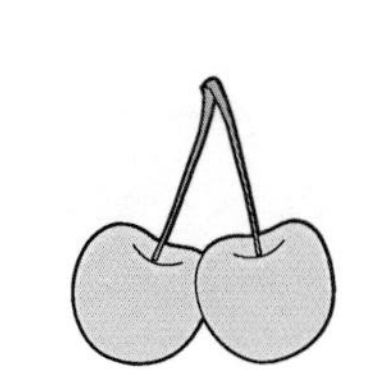

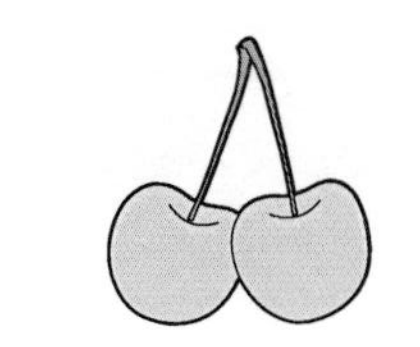

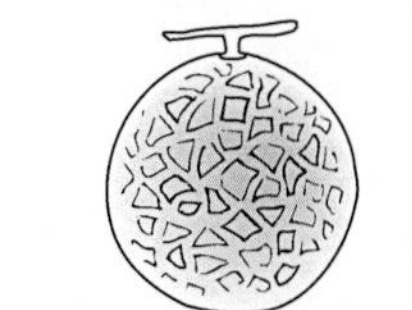

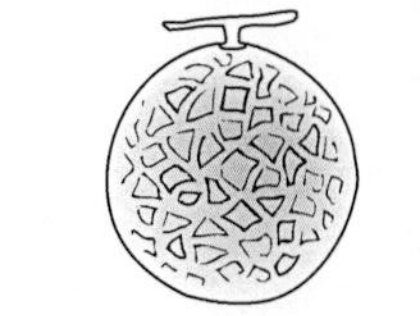

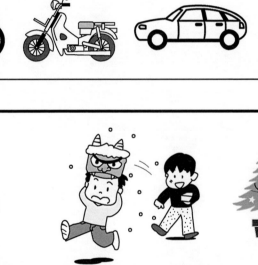

☆愛知教育大学附属名古屋小学校

問題３０

①

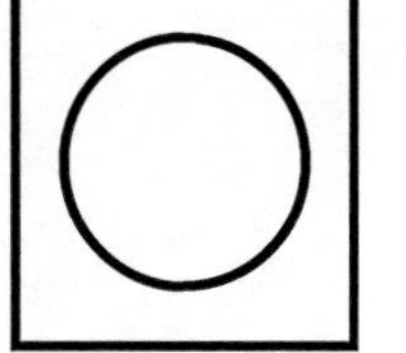
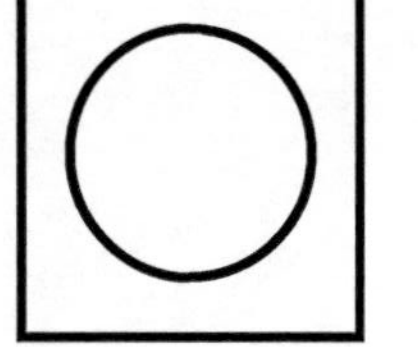
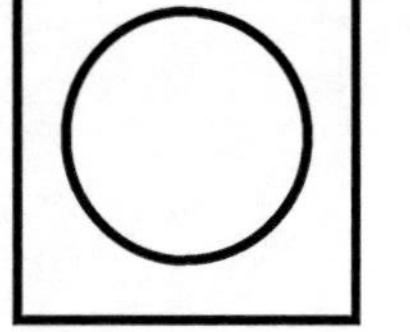
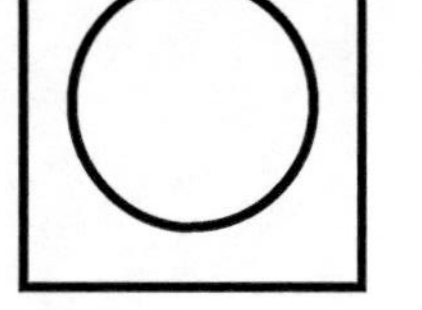
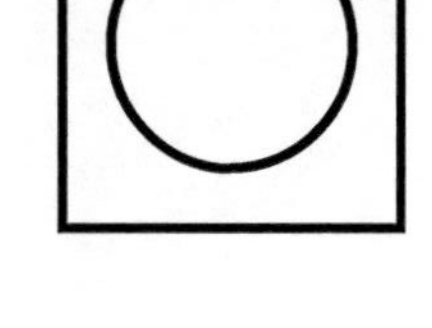

②

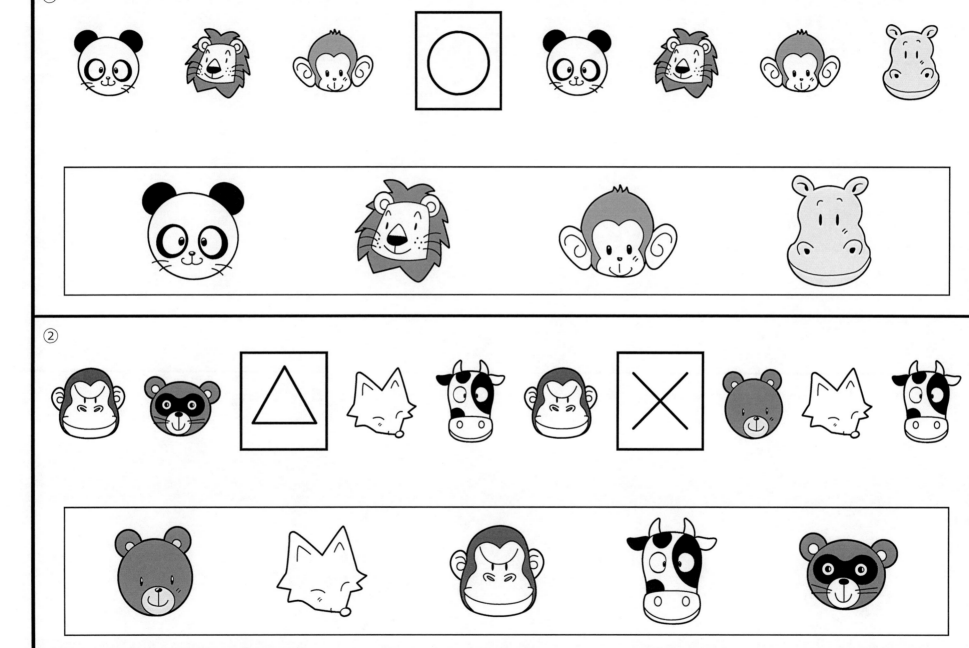

問題３１

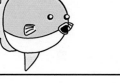

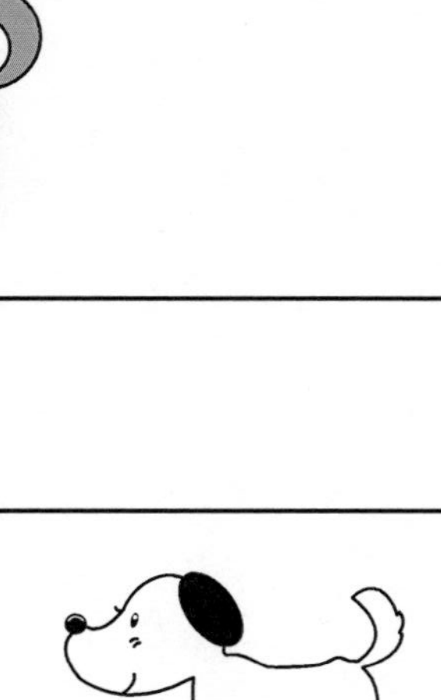

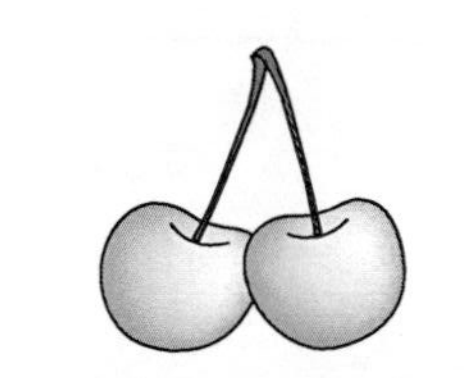
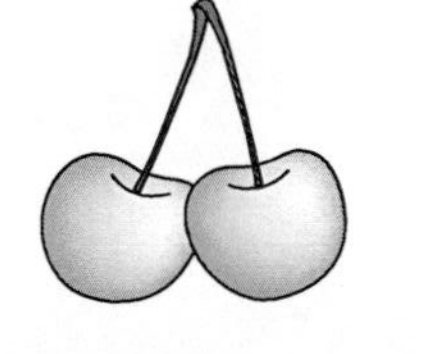
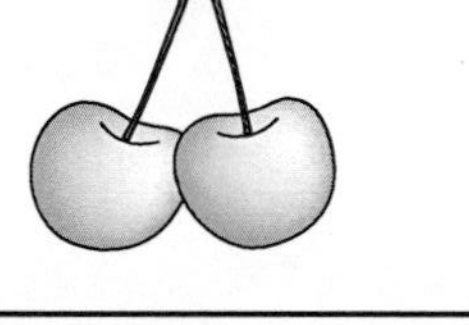

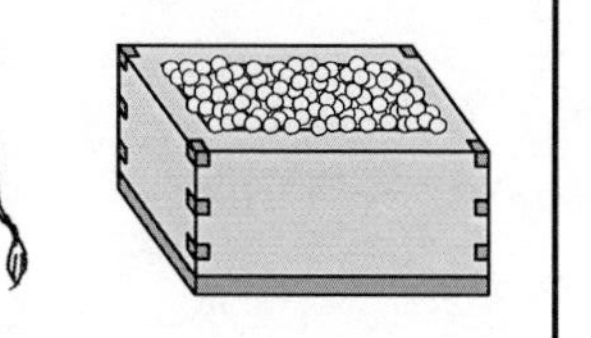
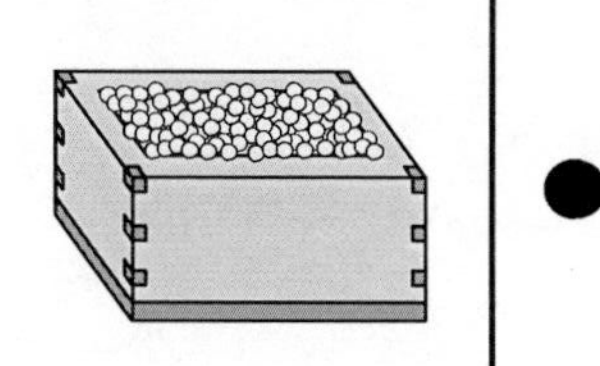

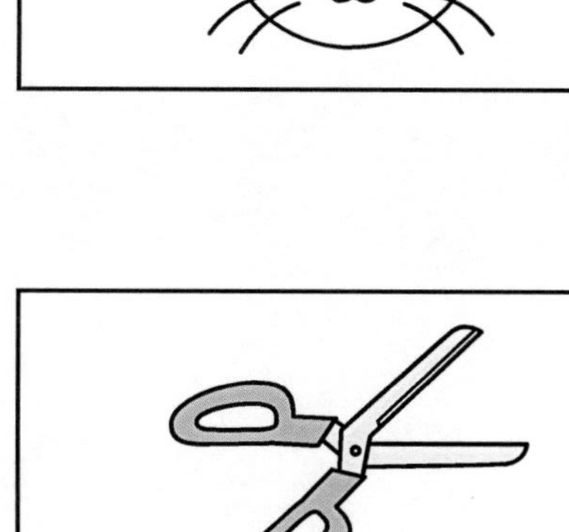
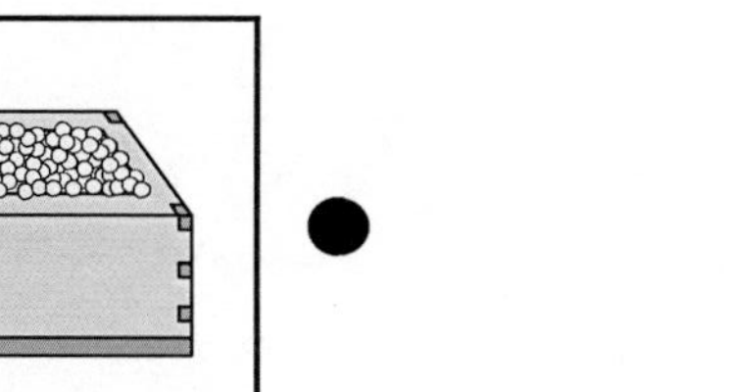
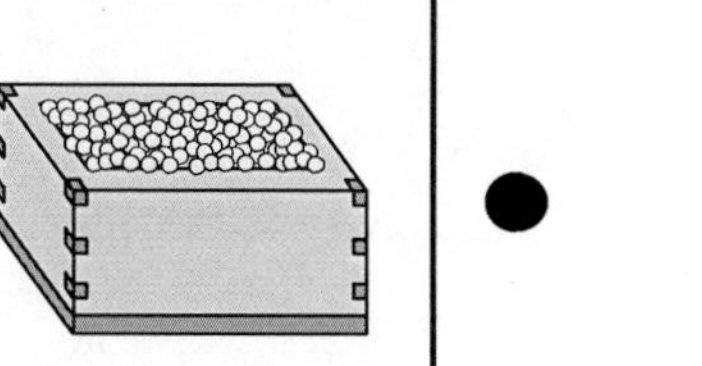
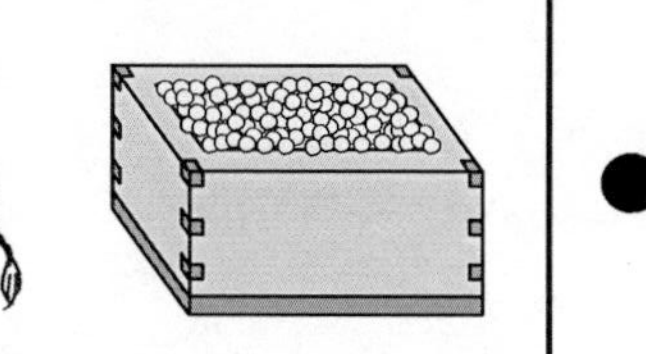

☆愛知教育大学附属名古屋小学校

問題３２

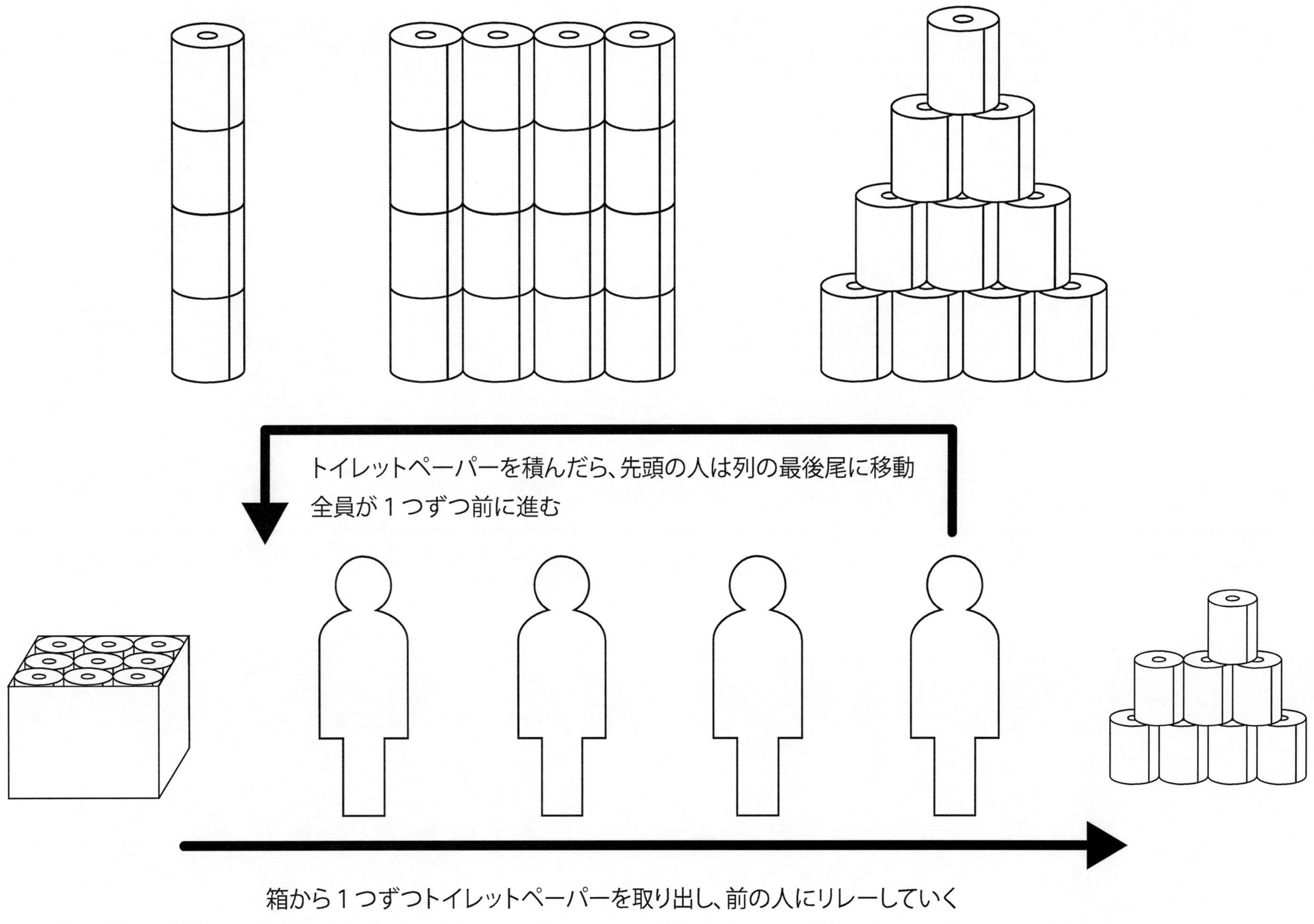

トイレットペーパーを積んだら、先頭の人は列の最後尾に移動
全員が１つずつ前に進む

箱から１つずつトイレットペーパーを取り出し、前の人にリレーしていく

☆愛知教育大学附属名古屋小学校

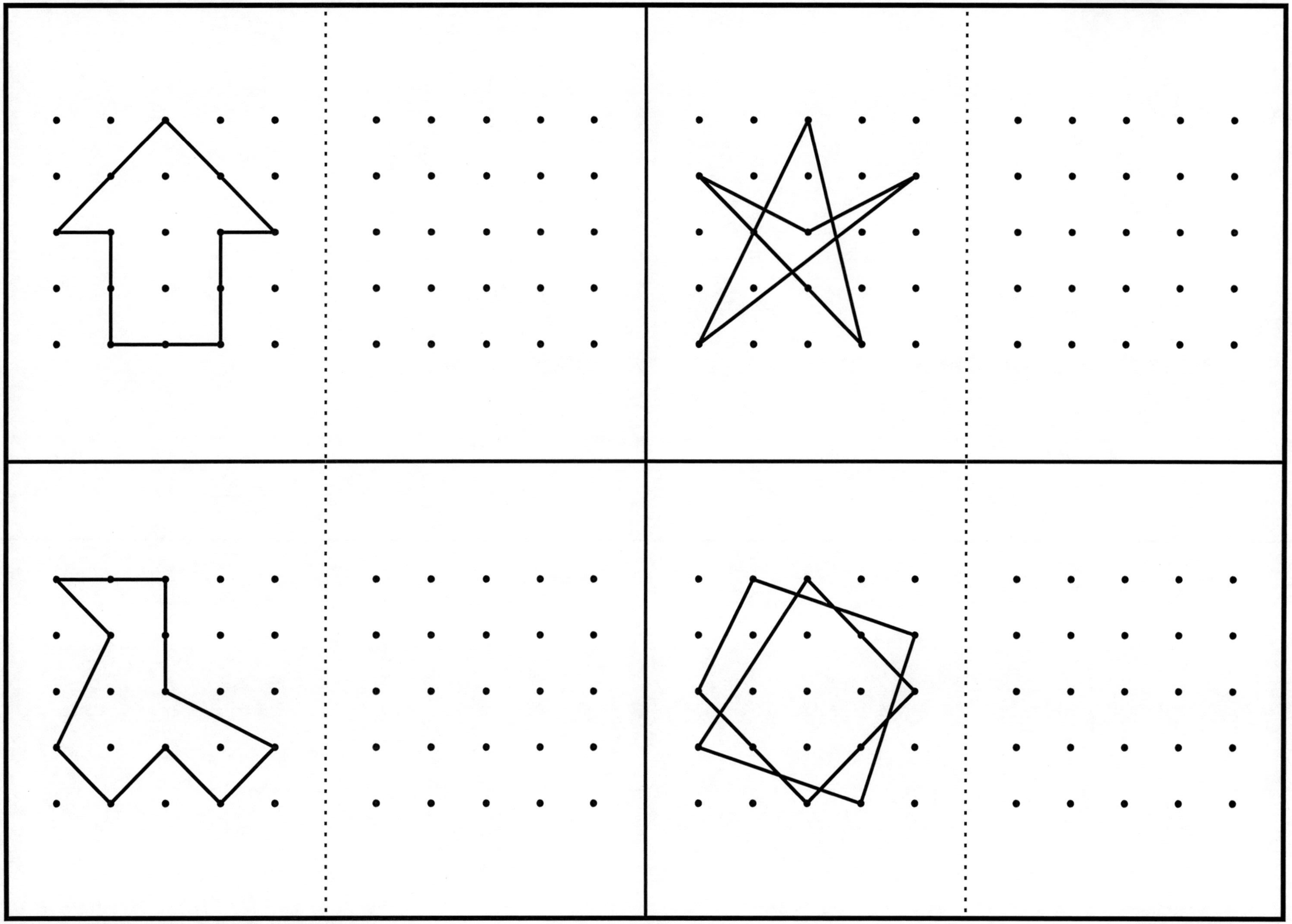

問題３３

問題３４

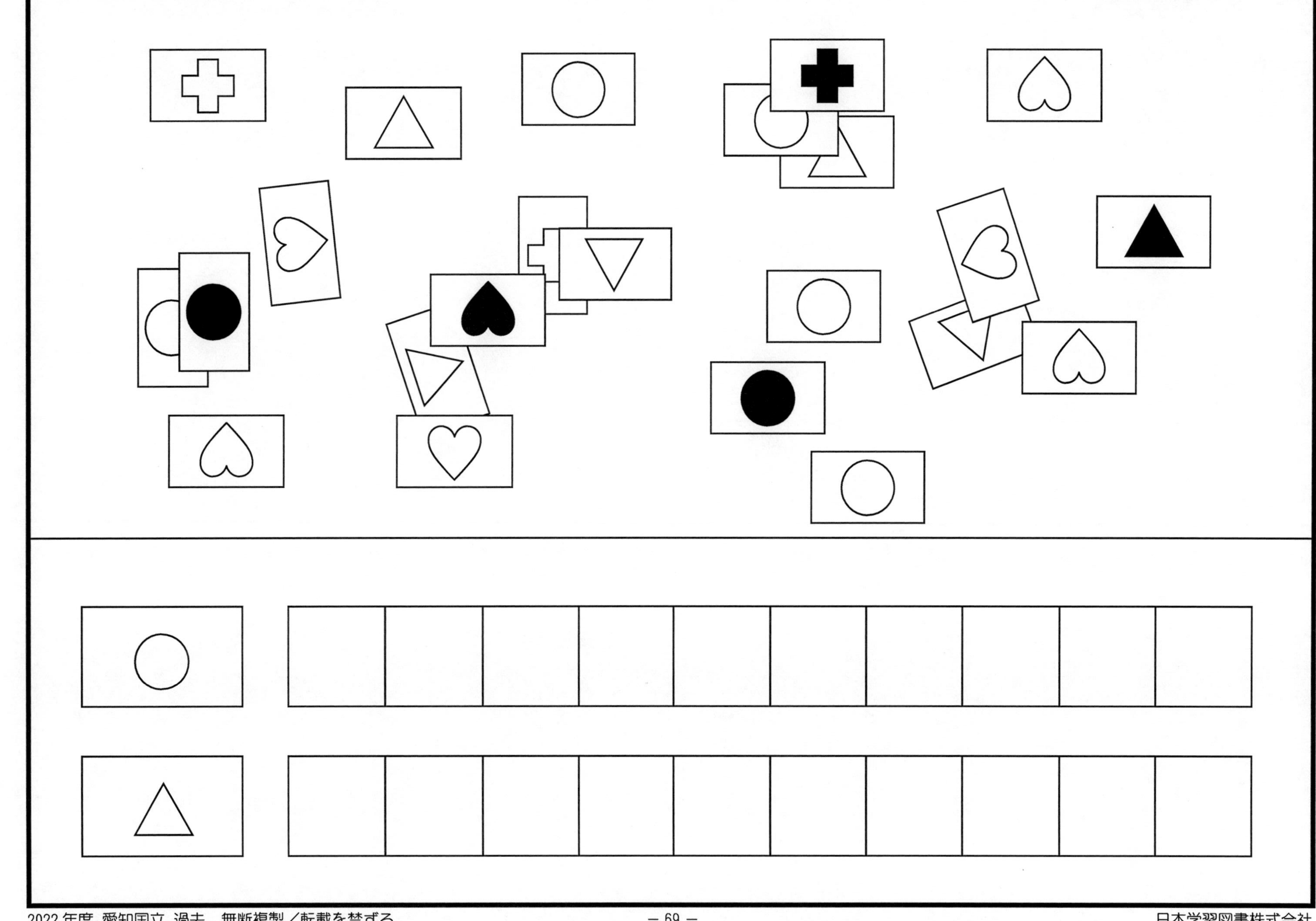

愛知教育大学附属名古屋小学校　専用注文書

年　　月　　日

合格のための問題集ベスト・セレクション

＊入試頻出分野ベスト3

1st 図　形
観察力　思考力

2nd お話の記憶
集中力　聞く力　知　識

3rd 巧　緻　性
聞く力　集中力

ペーパーテストでは、言語、図形、推理など幅広い分野の基礎問題が出題されます。取りこぼしをしないよう各分野の基礎学習を行っておきましょう。

分野	書　名	価格(税込)	注文	分野	書　名	価格(税込)	注文
図形	Ｊｒ・ウォッチャー 1「点・線図形」	1,650 円	冊	図形	Ｊｒ・ウォッチャー 45「図形分割」	1,650 円	冊
図形	Ｊｒ・ウォッチャー 2「座標」	1,650 円	冊	常識	Ｊｒ・ウォッチャー 55「理科②」	1,650 円	冊
図形	Ｊｒ・ウォッチャー 4「同図形探し」	1,650 円	冊	言語	Ｊｒ・ウォッチャー 60「言葉の音（おん）」	1,650 円	冊
図形	Ｊｒ・ウォッチャー 6「系列」	1,650 円	冊		新ノンペーパーテスト問題集	2,860 円	冊
数量	Ｊｒ・ウォッチャー 14「数える」	1,650 円	冊		お話の記憶問題集 初級編	2,860 円	冊
記憶	Ｊｒ・ウォッチャー 19「お話の記憶」	1,650 円	冊		お話の記憶問題集 中級編	2,200 円	冊
観察	Ｊｒ・ウォッチャー 29「行動観察」	1,650 円	冊		お話の記憶問題集 上級編	2,200 円	冊
推理	Ｊｒ・ウォッチャー 31「推理思考」	1,650 円	冊		面接最強マニュアル	2,200 円	冊
数量	Ｊｒ・ウォッチャー 37「選んで数える」	1,650 円	冊		1話5分の読み聞かせお話集①②	1,980 円	各　冊
巧緻性	Ｊｒ・ウォッチャー 51「運筆①」	1,650 円	冊		新 個別テスト・口頭試問問題集	2,750 円	冊
巧緻性	Ｊｒ・ウォッチャー 52「運筆②」	1,650 円	冊		新 運動テスト問題集	2,420 円	冊

合計	冊	円

（フリガナ） 氏　名	電　話
	ＦＡＸ
	E-mail
住所　〒　　　－	以前にご注文されたことはございますか。 有　・　無

★お近くの書店、または記載の電話・FAX・ホームページにてご注文をお受けしております。
電話：03-5261-8951　FAX：03-5261-8953　代金は書籍合計金額＋送料がかかります。
※なお、落丁・乱丁以外の理由による商品の返品・交換には応じかねます。
★ご記入頂いた個人に関する情報は、当社にて厳重に管理致します。なお、ご購入の商品発送の他に、当社発行の書籍案内、書籍に関する調査に使用させて頂く場合がございますので、予めご了承ください。

日本学習図書株式会社
http://www.nichigaku.jp

◎学習効果を上げるため、前掲の「家庭学習ガイド」をお読みになり、各校が実施する入試の出題傾向をよく把握した上で問題に取り組んでください。
※冒頭の「本書ご使用方法」「ご使用にあたっての注意点」も併せてご覧ください。

〈愛知教育大学附属岡崎小学校〉

2021年度の最新問題

問題35　分野：お話の記憶

〈準備〉　青色のサインペン
※あらかじめ問題35の絵の②③の鉛筆に色を塗っておく
②左から緑・黄緑・黄・水色で塗る
③グレーの鉛筆を赤で塗る

〈問題〉　**この問題の絵は縦に使用してください。**
お話を聞いて、後の質問に答えてください。

ある日、みどりちゃんは、小学校の先生から、「鉛筆は正しく持てるようになりましたか？」と聞かれて、「はい」と答えました。みどりちゃんは、鉛筆を正しく持てますが、隣の席のこたろうくんは、まだ、握るように鉛筆を持っています。いつも元気なこたろうくんですが、今日は、朝から元気がありません。「こたろうくん、元気がないみたいだけど、どうかしたの？」と、みどりちゃんが聞くと、こたろうくんは、「僕のお気に入りの水色の鉛筆がなくなったんだ」と言いました。探しても見つからないので、こたろうくんは、しかたなく、黄緑色の鉛筆を使っていました。次は、体育の時間なので、みんなは体操服に着替えました。体操服に着替えたみどりちゃんが、机の中をのぞきながら、何かを探しています。こたろうくんが、「何を探しているの？」と聞くと、みどりちゃんは、「私のお気に入りの花柄のハンカチと鉛筆がなくなったの」と言いました。今度は、みどりちゃんのハンカチと鉛筆です。教室の中を探しても見つかりません。すると、先生が、「体育の時間が終わったら、みんなで探そうね」と言いました。その頃、こたろうくんの机の中では、消しゴムさんたちが、みんなに聞こえないように話をしていました。鉛筆さんが、「みどりちゃんに片付けてもらえないから寂しいな」と言いました。消しゴムくんも、「この間、僕もみどりちゃんに片付けてもらえなかったから、困ったんだ」と言いました。消しゴムくんとハンカチくんが、「困ったねえ。早くみどりちゃんに片付けてもらえるといいね」と、鉛筆さんに言いました。それからしばらくして、みんなが教室に帰ってきました。みんなの机の中を探すと、こたろうくんの机の中から、みどりちゃんのお気に入りの鉛筆と花柄のハンカチ、それから、少し前に貸した消しゴムも出てきました。なくなったと思っていた水色の鉛筆も、こたろうくんの机の中から出てきました。他のお友だちの机の中にも、名前のない赤白帽や花の種が入っていて、みんなは不思議に思いました。それから、みんなで話し合いをして、筆箱の中には、鉛筆５本、赤鉛筆２本、消しゴム１個、ものさし１本を、いつも入れておくことに決めました。

①みどりちゃんの鉛筆の持ち方はどれですか。青で○をつけてください。
②こたろうくんのお気に入りの鉛筆は何色ですか。青で○をつけてください。
③筆箱にいつも入れておくことに決めたものはどれですか。青で○をつけてください。
④こたろうくんの机の中には、何が入っていましたか。青で○をつけてください。
⑤ほかのお友だちの机の中には、何が入っていましたか。青で○をつけてください。

〈時間〉 各15秒

問題36 分野：運動（サーキット）

〈準備〉 マット、フープ、跳び箱、コーン

〈問題〉 **この問題は絵を参考にしてください。**
（あらかじめ問題36の絵を参考にして準備した道具を配置しておく）
①マットの上でクマ歩きをしてください。
②置いてあるフープに合わせて、ケンパーで向こう側まで進んでください。
③跳び箱の上に乗って、カエル跳びでマットの下に降りてください。
④向こう側のコーンまで、スキップで進んでください。終わったら、コーンの前で三角座りをして待っていてください。

〈時間〉 適宜

問題37 分野：制作（塗る・切る・貼る）

〈準備〉 クーピーペン（８色程度）、画用紙（A4）

〈問題〉 （問題37の絵を見せ、画用紙とクーピーペンを渡す）この絵と同じものを、画用紙に描いてください。色は好きなものを使っていいですよ。

〈時間〉 ２分

問題38 分野：常識（仲間分け）

〈準備〉 鉛筆

〈問題〉 **この問題の絵は縦に使用してください。**
仲間はずれ探しの問題です。最初に練習をしましょう。１番上の段を見てください。４つの中で同じ仲間でないものを１つ選んで、○をつけてください
（10秒後）キャベツだけが果物ではなく野菜なので、キャベツが仲間はずれです。キャベツに○を付けます。
では、下の問題にも同じように答えてください。

〈時間〉 例題を含め２分

問題３５

①

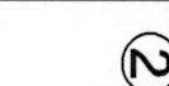
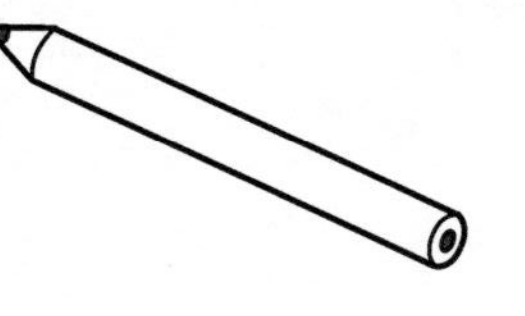
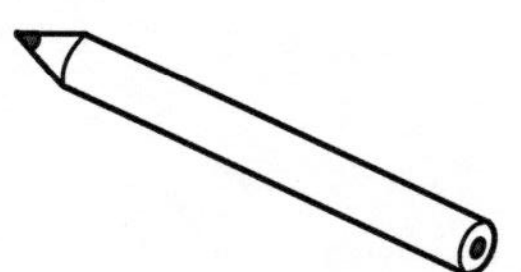
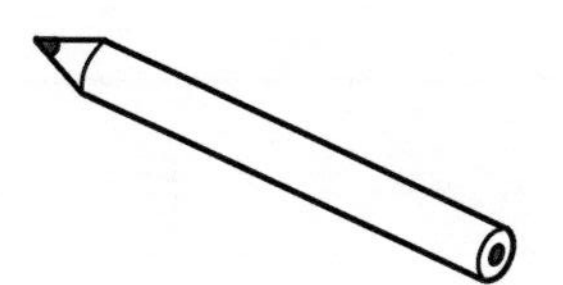
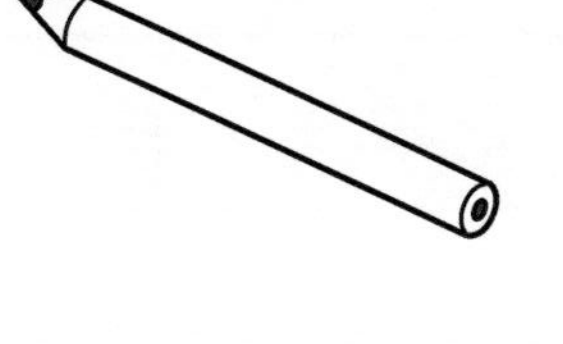
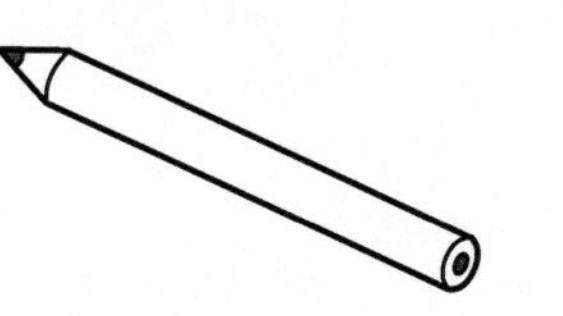

②

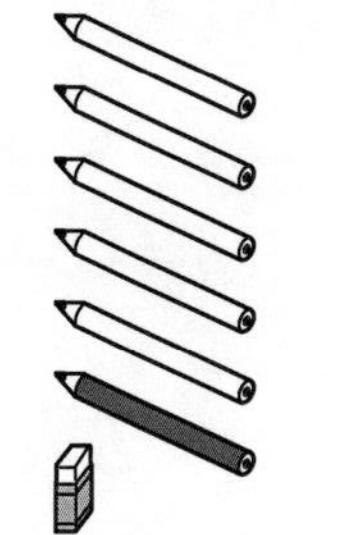
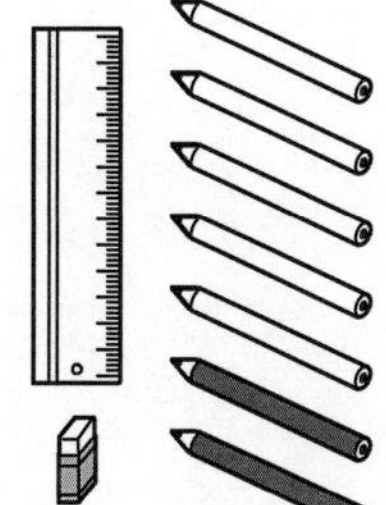
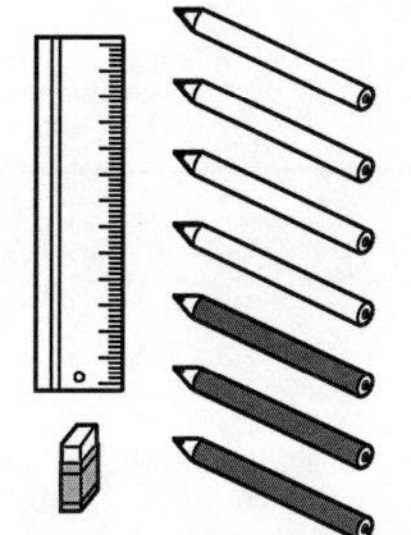
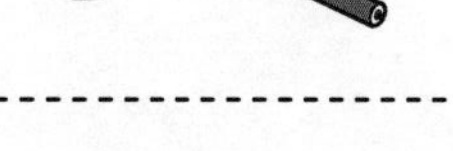
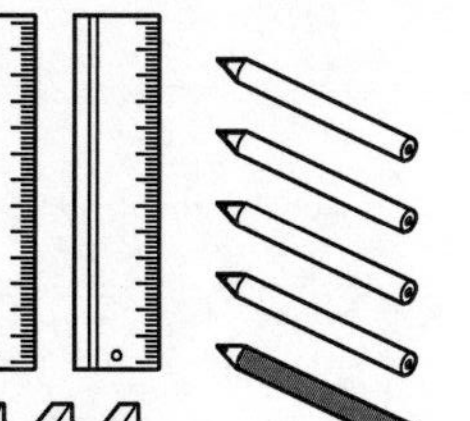
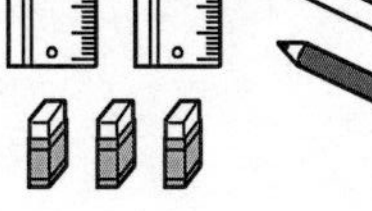

③

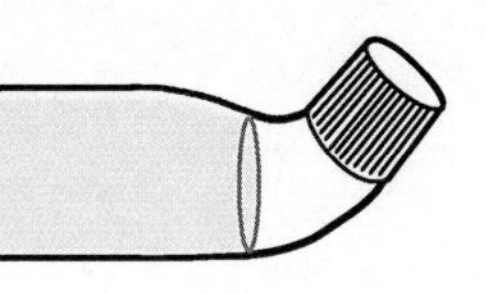

④

⑤

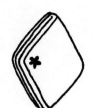

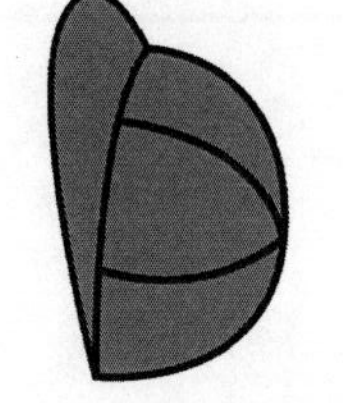
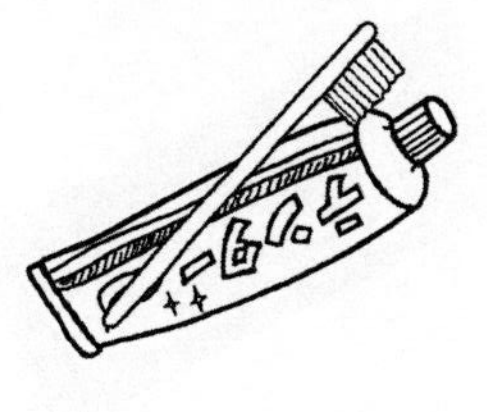

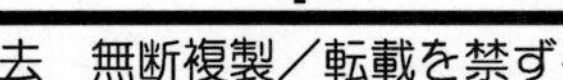

☆愛知教育大学附属岡崎小学校

問題36

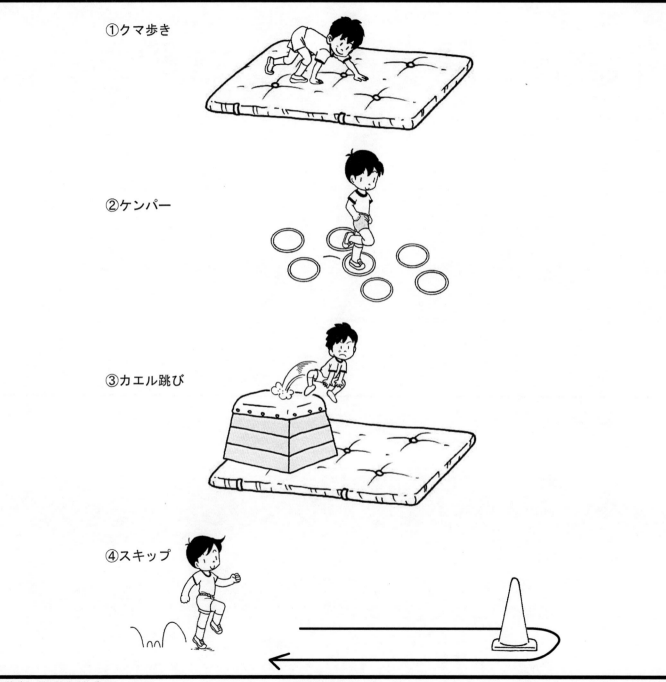

①クマ歩き

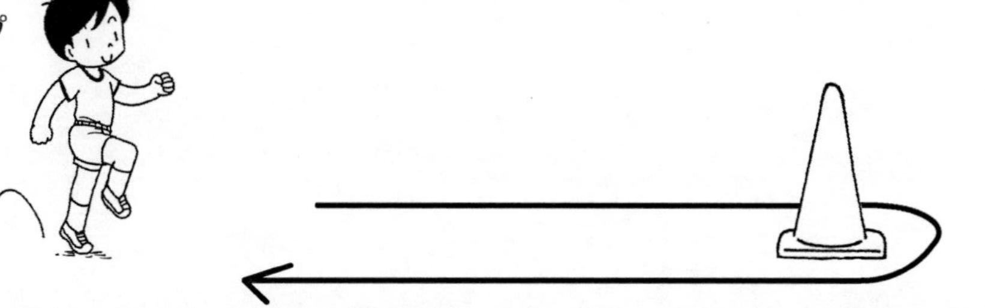

②ケンパー

③カエル跳び

④スキップ

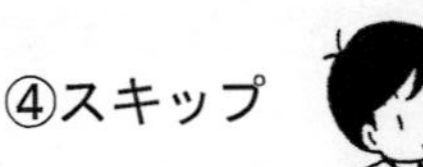

日本学習図書株式会社

問題３７

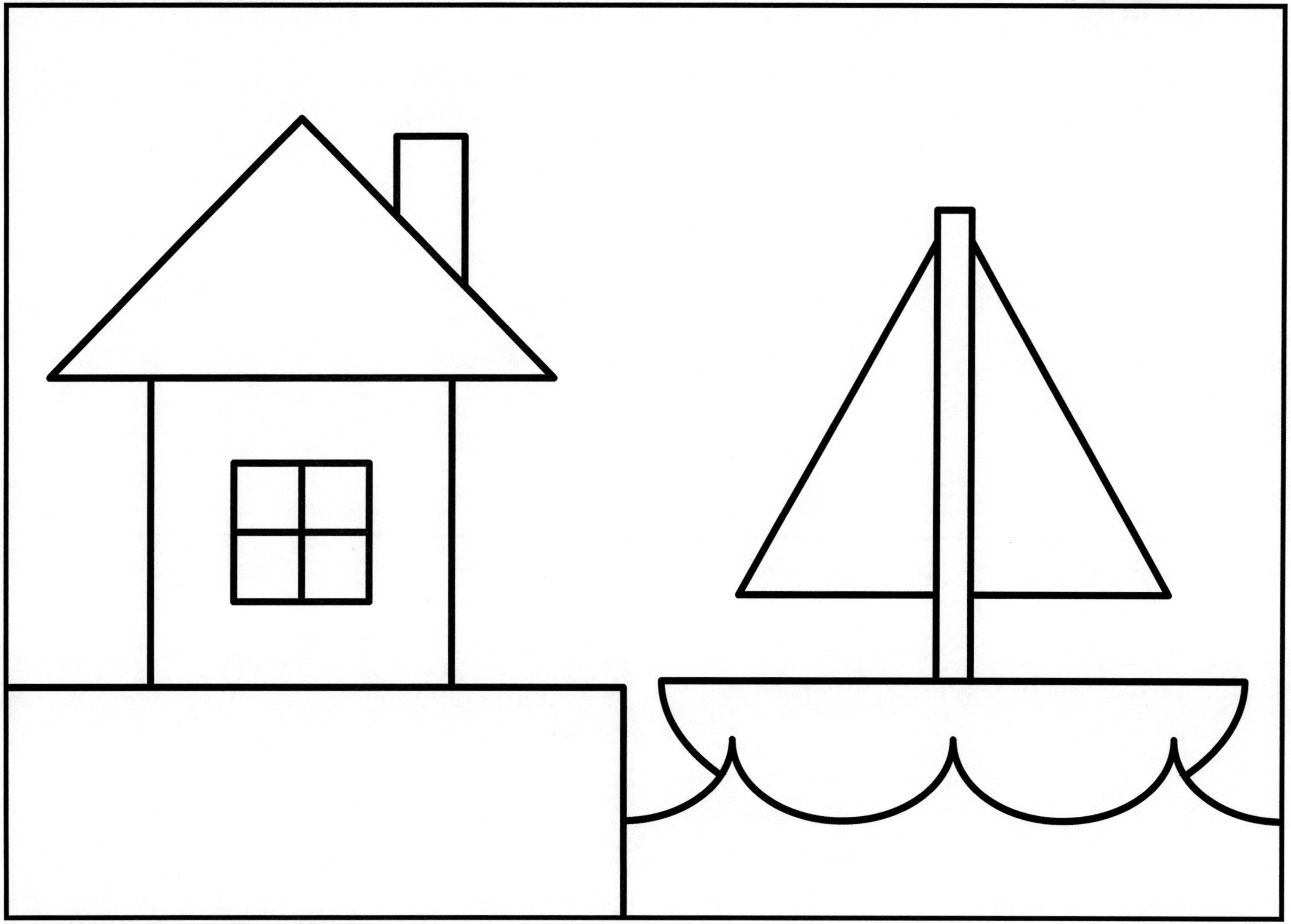

☆愛知教育大学附属岡崎小学校

問題38

①

②

③

④

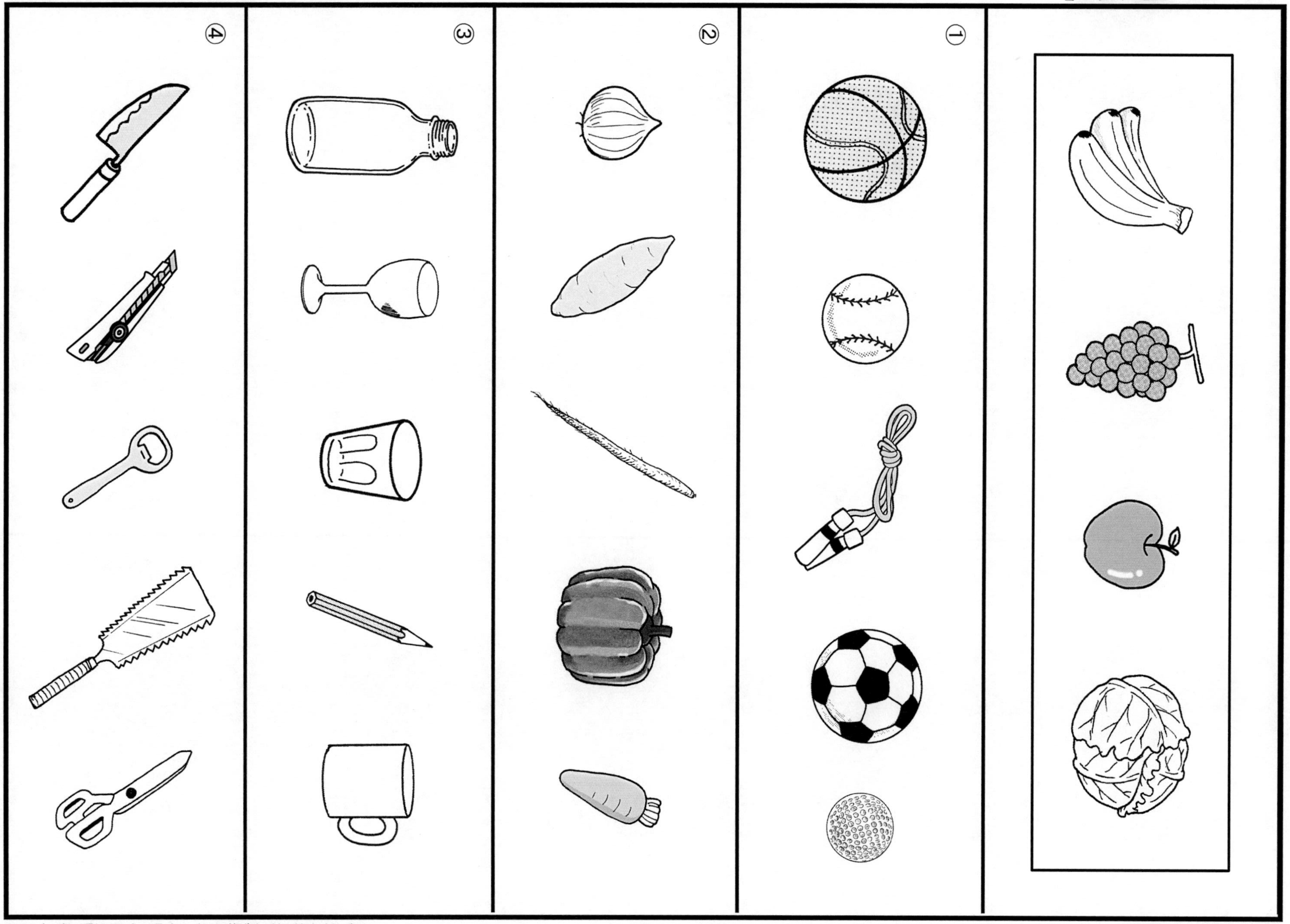

日本学習図書株式会社

2021年度入試
解答例・学習アドバイス

解答例では、制作・巧緻性・行動観察・運動といった分野の問題の答えは省略されています。こうした問題では、各問のアドバイスを参照し、保護者の方がお子さまの答えを判断してください。

問題35　分野：お話の記憶

〈解 答〉　①左端　②右端（水色）　③左から２番目　④左から２番目と右端
⑤左から２番目と３番目

お話を記憶するコツは、流れてくる言葉をただ漫然と聞くのではなく、意識して登場人物や場面のイメージを組み立てながら聞くことです。ふだんの読み聞かせにおいて、絵を見せずにお話だけを聞かせるなどの工夫をして、具体的にイメージしながらお話を聞く練習を重ねていってください。また、日常の生活や遊びなどを通して得られる、さまざまな知識や経験も大切です。お話に登場するものについてよく知っていれば、それだけ明確にイメージを作ることができ、登場人物と同じ経験をしたことがあれば、気持ちを想像することも容易です。もちろん、語彙が豊富であるに越したことはありません。お子さま自身の豊富な実体験が、お話のイメージを組み立てるための素材となりますので、ふだんから意識して、お子さまにさまざまな体験を積ませてあげるようにしてください。

【おすすめ問題集】
１話５分の読み聞かせお話集①・②、１話７分の読み聞かせお話集 入試実践編①
お話の記憶 初級編・中級編・上級編、Ｊｒ・ウォッチャー19「お話の記憶」

問題36　分野：運動（サーキット）

運動の課題の場合、課題の出来不出来もさることながら、それ以上に取り組んでいる時の姿勢が重要です。たとえその運動が上手にできたとしても、おざなりな態度で済ませたり、約束ごとを破ったりしては、試験官にマイナスの印象を与えてしまいます。まずは、指示をきちんと守り、１つひとつの動作を一生懸命に行うことが大切です。それさえできれば、運動自体は特に難しいものではありません。ふだん、屋外や広い場所で体を動かして遊ぶことを楽しめていれば、問題ないでしょう。また、待機している時の態度も重要です。指定の場所を離れたり、他の受験生とふざけたりしてはいけません。無用な私語も慎みましょう。受験番号によっては、長時間座ったまま待機することになりますので、「黙って座っている」練習もしておくとよいでしょう。

【おすすめ問題集】
新運動テスト問題集、Ｊｒ・ウォッチャー28「運動」

問題37　分野：制作

お題の絵を見ながら模写する問題です。直線のところは直線で、曲線のところは曲線だとハッキリわかるように書くことを心がけましょう。あいまいな線や解答が正解にされることは無いと考えてください。日頃の遊びの中に、本問と同じような模写の遊びを取り入れて、絵を描く感覚を養い、同時に筆記用具の使い方にも慣れておくと良いでしょう。本問ではクーピーペンを使用しますが、鉛筆やクレヨン、マジックペンなどさまざまな筆記用具を使う経験をしておいてください。また、絵を描くだけでなく、お絵かきの途中に周りを汚さない心がけや、使った筆記用具のお片付けも評価されていると考えたほうが良いでしょう。

【おすすめ問題集】

実践 ゆびさきトレーニング①②③、Ｊｒ・ウォッチャー23「切る・貼る・塗る」

問題38　分野：常識（仲間分け）

〈解 答〉　①縄跳びの縄（他はボール）
②カボチャ（他は食べる部分が土の中にできる）
③鉛筆（他は液体を入れるもの）
④栓抜き（他は「切る」ための道具）

「仲間さがし」「仲間はずれさがし」の問題です。小学校入試においては「常識」の分野に分類され、年齢相応の知識、生活常識が身に付いているかが観られます。ふだんから、身の回りにあるもの、絵本やテレビなどで目にするものについて、さまざまな視点から見るようにすると、こうした問題への対応力が付いていきます。何か１つ、新しいものにふれる際には、その名前だけでなく、どのように使うものか、セットで使うものはあるか、何でできているか、どのように数えるか、といったこととあわせて覚えるようにし、さまざまな仲間に分類できるようにしましょう。「なぞなぞ」のような遊びも、１つのものの中にさまざまな性質を探す練習になりますので、遊びの一環として親しむとよいでしょう。「常識」は、お子さま自身の実際の体験を通して身に付いていくものです。教材や図鑑などで教え込むだけでなく、日常の生活を通して、お子さまがさまざまなことを体験できるようにしてあげてください。

【おすすめ問題集】

Ｊｒ・ウォッチャー11「いろいろな仲間」、27「理科」、55「理科②」

2020年度以前の問題

問題39 分野：記憶（お話の記憶）

〈準 備〉 鉛筆

〈問 題〉 これから読むお話をよく聞いて、後の質問に答えてください。

あかねさんの家族は、お父さん、お母さん、妹の４人です。今日は、家族で遊園地に行くことにしました。遊園地は、隣の駅にあるので電車とバスで行きました。最初に、メリーゴーランドに乗りました。次に観覧車に乗りました。いつもあかねさんが通っている幼稚園も見えました。まるで小さなおもちゃの町を見ているようでした。それから、おさるの汽車に乗りました。最後に、お父さんとあかねさんは、ジェットコースターに乗りました。ジェットコースターが、空に向かってどんどんのぼっていく時、とてもハラハラ、ドキドキしました。そして、みんなでソフトクリームを食べました。出口で、ピエロさんが、子どもたちに風船を配っていました。あかねさんは、赤い風船をもらい、妹はピンクの風船をもらって帰りました。

①遊園地には、何と何で行きましたか。１番上の段の絵から選んで○をつけてください。
②あかねさんが２番目に乗ったものは何ですか。上から２段目の絵の絵から選んで○をつけてください。
③みんなで食べたものは何ですか。上から３段目の絵の絵から選んで○をつけてください。
④あかねさんは遊園地でいくつ乗り物に乗りましたか。１番下の四角の中に、その数だけ○を書いてください。

〈時 間〉 ①②③各10秒　④20秒

〈解 答〉 ①左から２番目（バス）と右から２番目（電車）
②左から３番目（観覧車）
③右から２番目（ソフトクリーム）
④○：４

［2020年度出題］

学習のポイント

お話は短めですが、その内容を見ると、覚えることが多く、混乱してしまうかもしれません。記憶の問題では、一度混乱してしまうと、立て直すことが難しいものです。まして、入試の場では、緊張感からふだん以上に混乱することも考えられます。本問のように、覚えることが多く混乱しそうな場合は、１つひとつを覚えていくのではなく、話の内容を流れとして覚えていくことをおすすめします。またお話の記憶は、体験の有無によっても覚えやすさが変わります。遊園地で楽しい想い出のある子どもは、その時の様子になぞらえて記憶させることができるでしょう。基本となる読み聞かせの取り組みと同時に、さまざまな体験も積むようにしましょう。

【おすすめ問題集】

１話５分の読み聞かせお話集①②、１話７分の読み聞かせお話集入試実践編①、お話の記憶 初級編・中級編・上級編、Ｊｒ・ウォッチャー19「お話の記憶」

問題40　分野：運動

〈準 備〉　リンゴのオモチャ（または代用品）、平均台（ガムテープ等を床に貼ることで代用）、ボール（テニスボール～ソフトボール程度の大きさの物）
あらかじめ、問題40－２の絵を壁に貼り、そこから２ｍ離れたところの床にガムテープなどで線を引いておく。

〈問 題〉　**この問題は問題40-1の絵を参考にしてください。**
平均台のところまで走って行き、置いてあるリンゴを持って平均台を渡ってください。端まで行ったらジャンプして飛び降り、リンゴをカゴに入れてください。次に、バケツの中からボールを取って線の手前まで行き、壁に貼ってあるライオンの絵を狙ってボールを投げてください。１回投げたらボールを拾い、バケツの中に戻してください。

〈時 間〉　適宜

〈解 答〉　省略

［2020年度出題］

学習のポイント

本問は一見複雑そうに思えますが、平均台渡りやボール投げ、ジャンプなど、１つひとつは決して難しくない動作の組み合わせです。テスターの指示をしっかりと聞いていれば問題はないでしょう。というのも、運動テストで学校側が見ているのは、その動作ができるかどうかよりも、指示をよく聞いて一生懸命に取り組んでいるかどうかです。また、本課題はグループに分かれて行われましたが、自分の順番を待っている時の姿勢なども評価の対象になっています。ご家庭で入試さながらの練習をするのは難しいでしょうが、大切なのは人の話をきちんと聞くこと、まじめに取り組むことです。お手伝いなどで一生懸命取り組む姿勢や人の話をきちんと聞くことを身に付けていきましょう。

【おすすめ問題集】

新運動テスト問題集、Ｊｒ・ウォッチャー28「運動」

問題41　分野：制作（課題画）

〈準備〉　クレヨン、画用紙
※あらかじめ、画用紙に問題41の絵を参考にして、図形をクレヨンで描いておく。

〈問題〉　**この問題は絵を参考にしてください。**
（画用紙を渡して）
画用紙に描いてある形を使って絵を描いてください。
（絵を描いた後で）
・「これは何ですか」
・「なぜこの絵を描いたのですか」
などの質問を試験官が行なう。

〈時間〉　10分

〈解答〉　省略

［2020年度出題］

学習のポイント

図形が描いてある画用紙に自分で絵を加えていくという制作の問題です。絵を描いた後に質問がありますが、特に変わったことを言う必要はありません。相手にわかるように、具体的に答えられればよいでしょう。こういった質問では、本人の情操面や性格を分析しようというのではなく、コミュニケーションがスムーズに取れるかどうかを観点としていますから、「余計なことを言わないように」とだけ指導するほうがむしろ良いかもしれません。こういったポイントをお子さまが理解する必要はありませんが、保護者の方は少し意識しておくと指導する際に役立ちます。

【おすすめ問題集】
実践 ゆびさきトレーニング①②③、新口頭試問・個別テスト問題集、
Ｊｒ・ウォッチャー22「想像画」、24「絵画」、29「行動観察」

問題42　分野：常識（日常生活・マナー）

〈準 備〉　鉛筆

〈問 題〉　ワンダは、とっても気弱なイヌの男の子です。今日は、お母さんとスーパーマーケットに来ています。そこでは、何人かしてはいけないことをしている子どもがいました。
（問題42の絵を見せて）
これはスーパーマーケットの絵です。この中で、してはいけないことをしている子に○をつけてください。

〈時 間〉　30秒

〈解 答〉　下図参照

［2020年度出題］

学習のポイント

イヌの視点ですが、中味は生活常識やマナーについての一般的な問題です。「スーパーでしてはいけないこと」というのはモラルというより、生活体験の量に左右されるもの、経験していないとわからないことなので、ここでは保護者とともに行動しているか、コミュニケーションをとっているかを観点にしているとも言えます。具体的に言えば、保護者の方が「こんなことをしてはダメ」ときちんとお子さまを叱るなり、指導しているかをこの問題の答えで判断しているのです。また、学校側から言うと、「その程度の常識がないと、これからの学校生活が不安になる」という意味合いもあります。意外と間違えてはいけない問題でしょう。

【おすすめ問題集】
Ｊｒ・ウォッチャー12「日常生活」、56「マナーとルール」

☆愛知教育大学附属岡崎小学校

問題３９

①

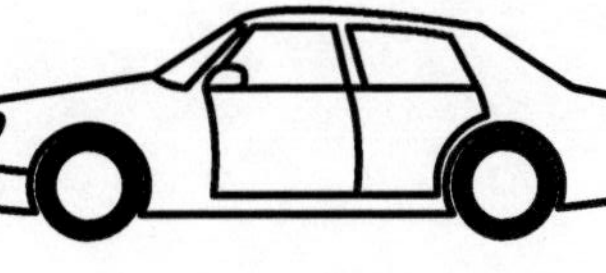

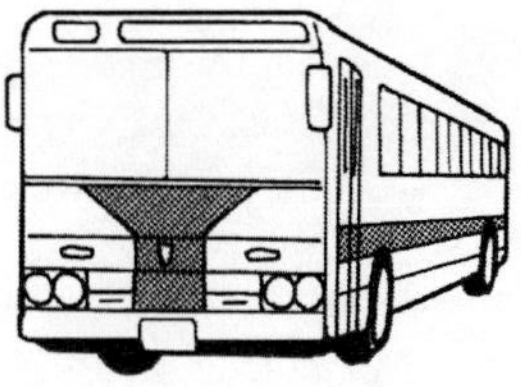
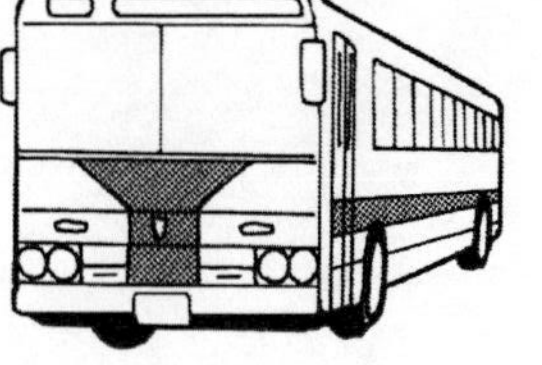
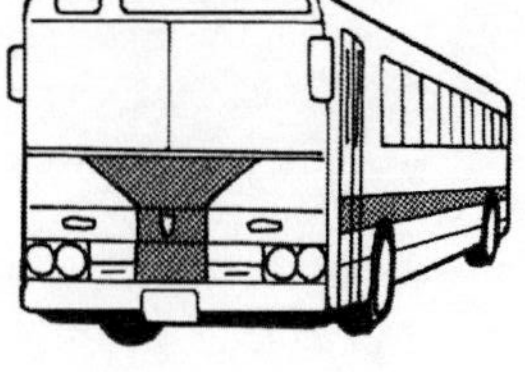
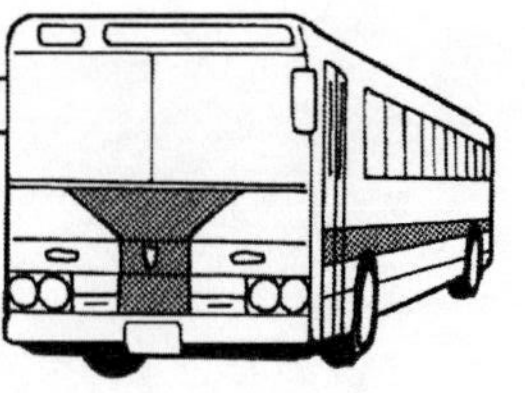
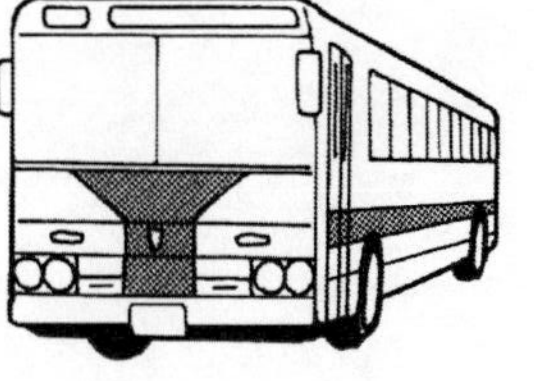

②

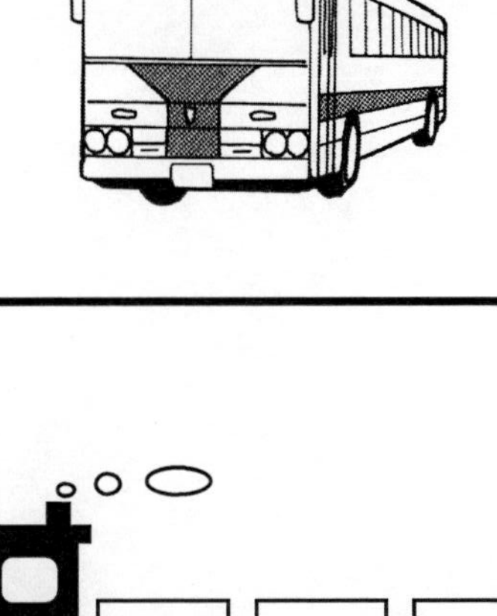

③

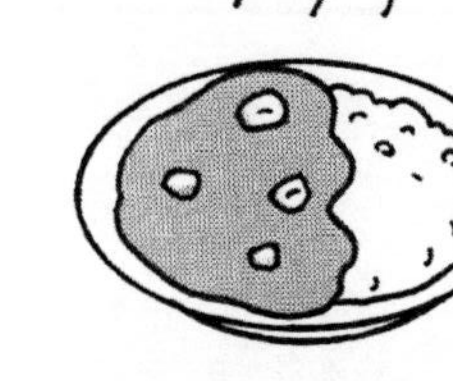

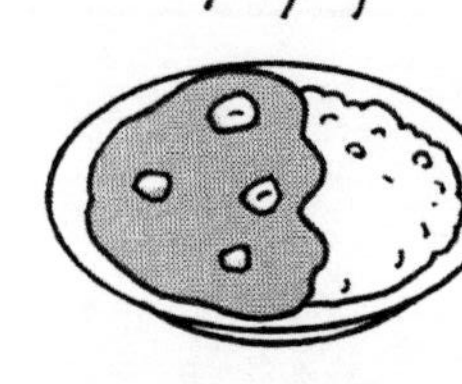
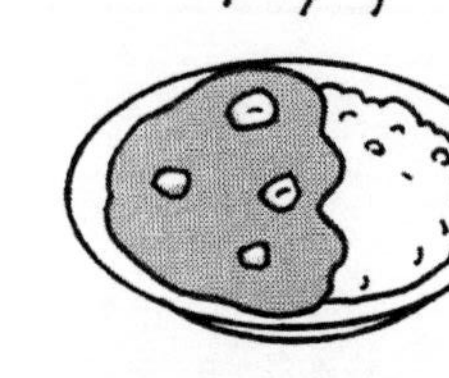

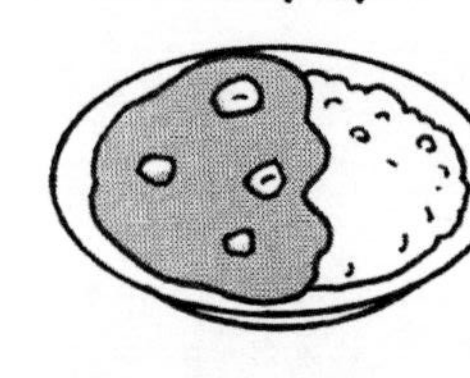

④

2m

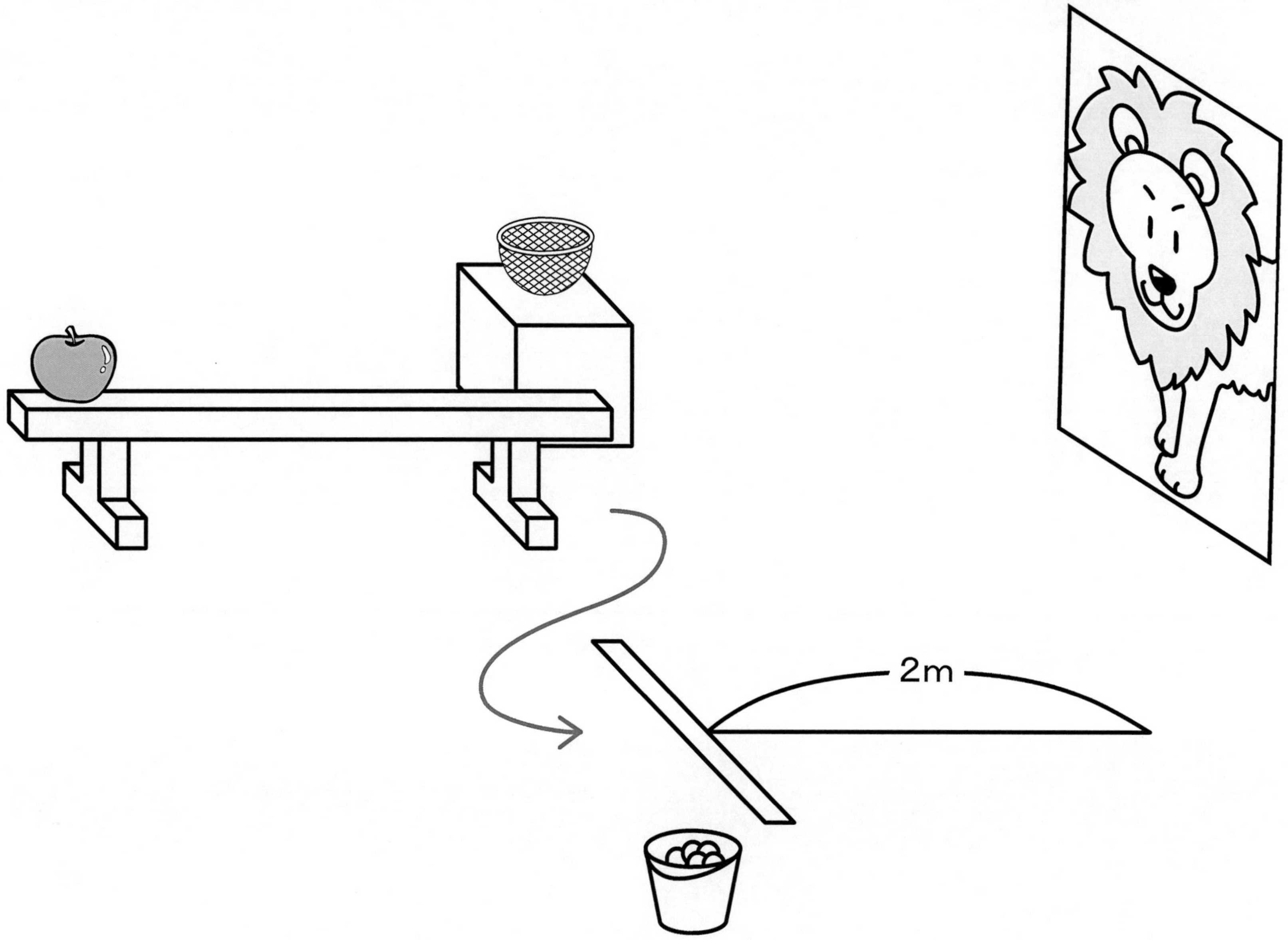

問題４０－２

日本学習図書株式会社

問題４１

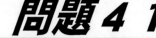

☆愛知教育大学附属岡崎小学校

問題42

日本学習図書株式会社

愛知教育大学附属岡崎小学校　専用注文書

年　月　日

合格のための問題集ベスト・セレクション

＊入試頻出分野ベスト３

1st　お話の記憶
集中力　聞く力　知識

2nd　巧　緻　性
聞く力　集中力

3rd　行動観察
聞く力　協調性

お話の記憶、制作、常識分野の問題が入試では出題されます。マナーなど生活から学ぶことも多く出題されるので、保護者の方は生活の中にお子様の学習の機会を設けるようにしてください。

分野	書　名	価格(税込)	注文	分野	書　名	価格(税込)	注文
常識	Ｊｒ・ウォッチャー 12「日常生活」	1,650 円	冊	常識	Ｊｒ・ウォッチャー 56「マナーとルール」	1,650 円	冊
記憶	Ｊｒ・ウォッチャー 19「お話の記憶」	1,650 円	冊		お話の記憶問題集 初級編	2,860 円	冊
巧緻性	Ｊｒ・ウォッチャー 25「生活巧緻性」	1,650 円	冊		お話の記憶問題集 中級編	2,200 円	冊
運動	Ｊｒ・ウォッチャー 28「運動」	1,650 円	冊		お話の記憶問題集 上級編	2,200 円	冊
運動	Ｊｒ・ウォッチャー 29「行動観察」	1,650 円	冊		実践 ゆびさきトレーニング①②③	2,750 円	各　冊
巧緻性	Ｊｒ・ウォッチャー 24「絵画」	1,650 円	冊		１話５分の読み聞かせお話集①②	1,980 円	各　冊
					新 運動テスト問題集		

合計	冊	円

(フリガナ) 氏　名	電　話 ＦＡＸ E-mail
住 所　〒　　　－	以前にご注文されたことはございますか。 有　・　無

★お近くの書店、または記載の電話・FAX・ホームページにてご注文をお受けしております。
電話：03-5261-8951　FAX：03-5261-8953　代金は書籍合計金額＋送料がかかります。
※なお、落丁・乱丁以外の理由による商品の返品・交換には応じかねます。
★ご記入頂いた個人に関する情報は、当社にて厳重に管理致します。なお、ご購入の商品発送の他に、当社発行の書籍案内、書籍に関する調査に使用させて頂く場合がございますので、予めご了承ください。

日本学習図書株式会社
http://www.nichigaku.jp

分野別 小学入試練習帳 ジュニアウォッチャー

1．点・線図形	小学校入試で出題頻度の高い『点・線図形』の模写を、難易度の低いものから段階別に幅広く練習することができるように構成。
2．座標	図形の位置模写という作業を、難易度の低いものから段階別に練習できるように構成。
3．パズル	様々なパズルの問題を難易度の低いものから段階別に練習できるように構成。
4．同図形探し	小学校入試で出題頻度の高い、同図形選びの問題を繰り返し練習できるように構成。
5．回転・展開	図形などを回転、または展開したとき、形がどのように変化するかを学習し、理解を深められるように構成。
6．系列	数、図形などの様々な系列問題を、難易度の低いものから段階別に練習できるように構成。
7．迷路	迷路の問題を繰り返し練習できるように構成。
8．対称	対称に関する問題を４つのテーマに分類し、各テーマごとに問題を段階別に練習できるように構成。
9．合成	図形の合成に関する問題を、難易度の低いものから段階別に練習できるように構成。
10．四方からの観察	もの（立体）を様々な角度から見て、どのように見えるかを推理する問題を段階別に整理し、１つの形式で複数の問題を練習できるように構成。
11．いろいろな仲間	ものや動物、植物の共通点を見つけ、分類していく問題を中心に構成。
12．日常生活	日常生活における様々な問題を６つのテーマに分類し、各テーマごとに一つの問題形式で複数の問題を練習できるように構成。
13．時間の流れ	『時間』に着目し、様々なものごとは、時間が経過するとどのように変化するのかということを学習し、理解できるように構成。
14．数える	様々なものを『数える』ことから、数の多少の判定やかけ算、わり算の基礎までを練習できるように構成。
15．比較	比較に関する問題を５つのテーマ（数、高さ、長さ、量、重さ）に分類し、各テーマごとに問題を段階別に練習できるように構成。
16．積み木	数える対象を積み木に限定した問題集。
17．言葉の音遊び	言葉の音に関する問題を５つのテーマに分類し、各テーマごとに問題を段階別に練習できるように構成。
18．いろいろな言葉	表現力をより豊かにするいろいろな言葉として、擬態語や擬声語、同音異義語、反意語、数詞を取り上げた問題集。
19．お話の記憶	お話を聴いてその内容を記憶、理解し、設問に答える形式の問題集。
20．見る記憶・聴く記憶	「見て憶える」「聴いて憶える」という『記憶』分野に特化した問題集。
21．お話作り	いくつかの絵を元にしてお話を作る練習をして、想像力を養うことができるように構成。
22．想像画	描かれてある形や景色に好きな絵を描くことにより、想像力を養うことができるように構成。
23．切る・貼る・塗る	小学校入試で出題頻度の高い、はさみやのりなどを用いた巧緻性の問題を繰り返し練習できるように構成。
24・絵画	小学校入試で出題頻度の高い、お絵かきやぬり絵などクレヨンやクーピーペンを用いた巧緻性の問題を繰り返し練習できるように構成。
25．生活巧緻性	小学校入試で出題頻度の高い日常生活の様々な場面における巧緻性の問題集。
26．文字・数字	ひらがなの清音、濁音、拗音、拗長音、促音と１～20までの数字に焦点を絞り、練習できるように構成。
27．理科	小学校入試で出題頻度が高くなりつつある理科の問題を集めた問題集。
28．運動	出題頻度の高い運動問題を種目別に分けて構成。
29．行動観察	項目ごとに問題提起をし、「このような時はどうか、あるいはどう対処するのか」の観点から問いかける形式の問題集。
30．生活習慣	学校から家庭に提起された問題と思って、一問一問絵を見ながら話し合い、考える形式の問題集。

31．推理思考	数、量、言語、常識（含理科、一般）など、諸々のジャンルから問題を構成し、近年の小学校入試問題傾向に沿って構成。
32．ブラックボックス	箱や筒の中を通ると、どのようなお約束でどのように変化するかを推理・思考する問題集。
33．シーソー	重さの違うものをシーソーに乗せた時どちらに傾くのか、またどうすればシーソーは釣り合うのかを思考する基礎的な問題集。
34．季節	様々な行事や植物などを季節別に分類できるように知識をつける問題集。
35．重ね図形	小学校入試で頻繁に出題されている「図形を重ね合わせてできる形」についての問題を集めました。
36．同数発見	様々な物を数え「同じ数」を発見し、数の多少の判断や数の認識の基礎を学べるように構成した問題集。
37．選んで数える	数の学習の基本となる、いろいろなものの数を正しく数える学習を行う問題集。
38．たし算・ひき算１	数字を使わず、たし算とひき算の基礎を身につけるための問題集。
39．たし算・ひき算２	数字を使わず、たし算とひき算の基礎を身につけるための問題集。
40．数を分ける	数を等しく分ける問題です。等しく分けたときに余りが出るものもあります。
41．数の構成	ある数がどのような数で構成されているか学んでいきます。
42．一対多の対応	一対一の対応から、一対多の対応まで、かけ算の考え方の基礎学習を行います。
43．数のやりとり	あげたり、もらったり、数の変化をしっかりと学びます。
44．見えない数	指定された条件から数を導き出します。
45．図形分割	図形の分割に関する問題集。パズルや合成の分野にも通じる様々な問題を集めました。
46．回転図形	「回転図形」に関する問題集。やさしい問題から始め、いくつかの代表的なパターンから、段階を踏んで学習できるよう編集されています。
47．座標の移動	「マス目の指示通りに移動する問題」と「指示された数だけ移動する問題」を収録。
48．鏡図形	鏡で左右反転させた時の見え方を考えます。平面図形から立体図形、文字、絵まで。
49．しりとり	すべての学習の基礎となる「言葉」を学ぶこと、特に「語彙」を増やすことに重点をおき、さまざまなタイプの「しりとり」問題を集めました。
50．観覧車	観覧車やメリーゴーラウンドなどを舞台にした「回転系列」の問題集。「推理思考」分野の問題ですが、要素として「図形」や「数量」も含みます。
51．運筆①	鉛筆の持ち方を学び、点線なぞり、お手本を見ながらの模写で、線を引く練習をします。
52．運筆②	運筆①からさらに発展し、「欠所補完」や「迷路」などを楽しみながら、より複雑な鉛筆運びを習得することを目指します。
53．四方からの観察 積み木編	積み木を使用した「四方からの観察」に関する問題を練習できるように構成。
54．図形の構成	見本の図形がどのような部分によって形づくられているかを考えます。
55．理科②	理科的知識に関する問題を集中して練習する「常識」分野の問題集。
56．マナーとルール	道路や駅、公共の場でのマナー、安全や衛生に関する常識を学べるように構成。
57．置き換え	さまざまな具体的・抽象的事象を記号で表す「置き換え」の問題を扱います。
58．比較②	長さ・高さ・体積・数などを数学的な知識を使わず、論理的に推測する「比較」の問題を練習できるように構成。
59．欠所補完	線と線のつながり、欠けた絵に当てはまるものなどを求める「欠所補完」に取り組める問題集です。
60．言葉の音（おん）	しりとり、決まった順番の音をつなげるなど、「言葉の音」に関する問題に取り組める練習問題集です。

◆◆ニチガクのおすすめ問題集◆◆

より充実した家庭学習を目指し、ニチガクではさまざまな問題集をとりそろえております!!

ジュニアウォッチャー（既刊 60 巻）

①〜60　（以下続刊）
本体各￥1,500 ＋税

入試出題頻度の高い９分野を、さらに 60 の項目に細分化した問題集が出来ました。
苦手分野におけるつまずきを効率よく克服するための 60 冊となっており、小学校受験における基礎学習にぴったりの問題集です。ポイントが絞られているため、無駄なく学習を進められる、まさに小学校受験問題集の入門編です。

国立・私立 NEW ウォッチャーズ

NEW
国立小学校入試 セレクト問題集

言語 / 理科 / 図形 / 記憶
常識 / 数量 / 推理
各２巻・全 14 巻
本体各￥2,000 ＋税

シリーズ累計発行部数 40 万部以上を誇る大ベストセラー「ウォッチャーズシリーズ」の趣旨を引き継ぐ新シリーズができました！
こちらは国立・私立それぞれの出題傾向に合わせた分野別問題集です。全問「解答のポイント」「ミシン目」付き、切り離し可能なプリント学習タイプで家庭学習におすすめです！

まいにちウォッチャーズ（全 16 巻）

小学校入試 段階別ドリル
導入編 Lv.1

導入編 / 練習編
実践編 / 応用編　各４巻
本体各￥2,000 ＋税

シリーズ累計発行部数 40 万部以上を誇る大ベストセラー「ウォッチャーズシリーズ」の趣旨を引き継ぐ新シリーズができました！
こちらは、お子さまの学習進度に合わせ、全分野を網羅できる総合問題集です。全問「解答のポイント」「ミシン目」付き、切り離し可能なプリント学習タイプで家庭学習におすすめです！

実践 ゆびさきトレーニング①・②・③

①・②・③　全３巻
本体　各￥2,500 ＋税

制作問題に特化した問題集ができました。
有名校が実際に出題した問題を分析し、類題を各 35 問ずつ掲載しています。様々な道具の扱い方（はさみ・のり・セロハンテープの使い方）から、手先・指先の訓練（ちぎる・貼る・塗る・切る・結ぶ）、表現することの楽しさも学習することができる問題集です。

お話の記憶問題集

初級編
本体￥2,600 ＋税
中級編 / 上級編
本体各￥2,000 ＋税

「お話の記憶」分野の問題集ができました。
あらゆる学習に不可欠な、語彙力・集中力・記憶力・理解力・想像力を養うと言われているのが「お話の記憶」という分野です。難易度別に収録されていますので、まずは初級編、慣れてきたら中級編・上級編と学習を進められます。

分野別 苦手克服シリーズ（全６巻）

図形 / 数量 / 言語
常識 / 記憶 / 推理
本体各￥2,000 ＋税

お子さまの苦手を克服する問題集ができました。
アンケートに基づき、多くのお子さまが苦手とする数量・図形・言語・常識・記憶の６分野を、それぞれ問題集にまとめました。全問アドバイス付きですので、ご家庭において、そのつまづきを解消するためのプロセスも理解できます。

運動テスト・ノンペーパーテスト問題集

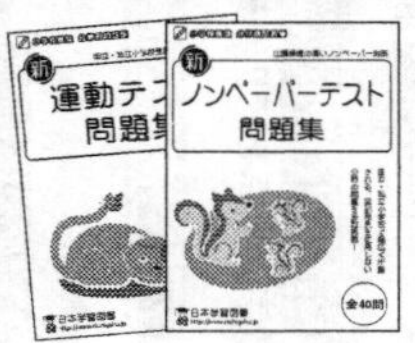

新 運動テスト問題集
本体￥2,200 ＋税

新 ノンペーパーテスト問題集
本体￥2,600 ＋税

ノンペーパーテストは国立・私立小学校で幅広く出題される、筆記用具を使用しない分野の問題を全 40 問掲載しています。
運動テスト問題集は運動分野に特化した問題集です。指示の理解や、ルールを守る訓練など、ポイントを押さえた学習に最適。全 35 問掲載。

口頭試問・面接テスト問題集

新 口頭試問・個別テスト問題集
本体￥2,500 ＋税

面接テスト問題集
本体￥2,000 ＋税

口頭試問は主に個別テストとして口頭で出題解答を行うテスト形式、面接は主に「考え」やふだんの「あり方」をたずねられるものです。
口頭で答える点は同じですが、内容は大きく異なります。想定する質問内容や答え方の幅を広げるために、どちらも手にとっていただきたい問題集です。

小学校受験 厳選難問集　①・②

①・②・③　全３巻
本体各￥2,600 ＋税

実際に出題された入試問題の中から、難易度の高い問題をピックアップし、アレンジした問題集です。応用問題への挑戦は、基礎の理解度を測るだけでなく、お子さまの達成感・知的好奇心を触発します。
①は数量・図形・推理・言語、②は位置・常識・比較・記憶分野を掲載しています。各 40 問。

国立小学校　入試問題総集編

A・B・C（全３巻）
本体各￥3,282 ＋税

国立小学校頻出の問題を厳選して収録した問題集です。細かな指導方法やアドバイスが掲載してあり、効率的な学習が進められます。
難易度別の収録となっており、お子さまの学習進度に合わせて利用できます。付録のレーダーチャートにより得意・不得意を認識でき、国立小学校受験対策に最適な総合問題集です。

おうちでチャレンジ　①・②

①・②　全２巻
本体　各￥1,800 ＋税

関西最大級の模擬試験『小学校受験標準テスト』ペーパー問題を編集した、実力養成に最適な問題集です。延べ受験者数 10,000 人以上のデータを分析し、お子さまの習熟度・到達度を一目で判別できるようになっています。
保護者必読の特別アドバイス収録！学習習熟度を測るためにも、定期的に活用したい一冊です。

Q＆Aシリーズ

『小学校受験で知っておくべき 125 のこと』
『新 小学校受験の入試面接Ｑ＆Ａ』
『新 小学校受験 願書・アンケート文例集 500』

本体各￥2,600 ＋税

「知りたい！」「聞きたい！」
「こんな時どうすれば…？」
そんな疑問や悩みにお答えする、当社で人気の保護者向け書籍です。受験を考え始めた保護者の方や、実際に入試の出願・面接などを控えている直前の保護者の方など、さまざまな場面で参考にしていただける書籍となっています。

書籍についてのご注文・お問い合わせ
☎ 03-5261-8951
http://www.nichigaku.jp
※ご注文方法、書籍についての詳細は、Web サイトをご覧ください。
日本学習図書　検索

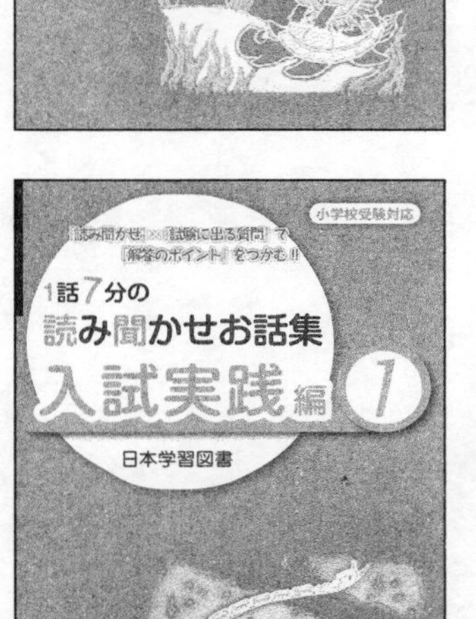

『読み聞かせ』×『質問』＝『聞く力』

1話5分の
読み聞かせお話集①②

「アラビアン・ナイト」「アンデルセン童話」「イソップ寓話」「グリム童話」、日本や各国の民話、昔話、偉人伝の中から、教育的な物語や、過去に小学校入試でも出題された有名なお話を中心に掲載。お話ごとに、内容に関連したお子さまへの質問も掲載しています。「読み聞かせ」を通して、お子さまの『聞く力』を伸ばすことを目指します。

①巻・②巻　各48話

1話7分の読み聞かせお話集
入試実践編①

最長1,700文字の長文のお話を掲載。有名でない＝「聞いたことのない」お話を聞くことで、『集中力』のアップを目指します。設問も、実際の試験を意識した設問としています。ペーパーテスト実施校の多くが「お話の記憶」の問題を出題します。毎日の「読み聞かせ」と「試験に出る質問」で、「解答のポイント」をつかんで臨みましょう！

50話収録

ニチガクの　この5冊で受験準備も万全！

小学校受験入門
願書の書き方から面接まで　リニューアル版

主要私立・国立小学校の願書・面接内容を中心に、学校選びや入試の分野傾向、服装コーディネート、持ち物リストなども網羅し、受験準備全体をサポートします。

小学校受験で
知っておくべき
125のこと

小学校受験の基本から怪しい「ウワサ」まで、保護者の方々からの125の質問にていねいに解答。目からウロコのお受験本。

新　小学校受験の
入試面接Q＆A　リニューアル版

過去十数年に遡り、面接での質問内容を網羅。小学校別、父親・母親・志願者別、さらに学校のこと・志望動機・お子さまについてなど分野ごとに模範解答例やアドバイスを掲載。

新　願書・アンケート
文例集500　リニューアル版

有名私立小、難関国立小の願書やアンケートに記入するための適切な文例を、質問の項目別に収録。合格を掴むためのヒントが満載！願書を書く前に、ぜひ一度お読みください。

小学校受験に関する
保護者の悩みQ＆A

保護者の方約1,000人に、学習・生活・躾に関する悩みや問題を取材。その中から厳選した200例以上の悩みに、「ふだんの生活」と「入試直前」のアドバイス2本立てで悩みを解決。

日本学習図書株式会社

図書カード 1000 円分プレゼント

ご記入日　　　年　　月　　日

☆国・私立小学校受験アンケート☆

※可能な範囲でご記入下さい。選択肢は○で囲んで下さい。

〈小学校名〉＿＿＿＿＿＿＿＿＿＿　〈お子さまの性別〉男・女　〈誕生月〉＿＿月

〈その他の受験校〉（複数回答可）＿＿＿＿＿＿＿＿＿＿＿＿＿＿＿＿

〈受験日〉①：＿＿月＿＿日〈時間〉＿＿時＿＿分　～　＿＿時＿＿分

②：＿＿月＿＿日〈時間〉＿＿時＿＿分　～　＿＿時＿＿分

〈受験者数〉男女計＿＿名（男子＿＿名　女子＿＿名）

〈お子さまの服装〉＿＿＿＿＿＿＿＿＿＿＿＿＿＿

〈入試全体の流れ〉（記入例）準備体操→行動観察→ペーパーテスト

＿＿＿＿＿＿＿＿＿＿＿＿＿＿＿＿＿＿＿＿＿＿＿＿

Eメールによる情報提供

日本学習図書では、Eメールでも入試情報を募集しております。
下記のアドレスに、アンケートの内容をご入力の上、メールをお送り下さい。

ojuken@nichigaku.jp

●行動観察　（例）好きなおもちゃで遊ぶ・グループで協力するゲームなど

〈実施日〉＿＿月＿＿日〈時間〉＿＿時＿＿分　～　＿＿時＿＿分〈着替え〉□有　□無

〈出題方法〉□肉声　□録音　□その他（　　　　　）〈お手本〉□有　□無

〈試験形態〉□個別　□集団（　　　人程度）

〈会場図〉

〈内容〉

□自由遊び

＿＿＿＿＿＿＿＿＿＿＿＿＿＿＿＿＿＿

□グループ活動

＿＿＿＿＿＿＿＿＿＿＿＿＿＿＿＿＿＿

□その他

＿＿＿＿＿＿＿＿＿＿＿＿＿＿＿＿＿＿

●運動テスト（有・無）　（例）跳び箱・チームでの競争など

〈実施日〉＿＿月＿＿日〈時間〉＿＿時＿＿分　～　＿＿時＿＿分〈着替え〉□有　□無

〈出題方法〉□肉声　□録音　□その他（　　　　　）〈お手本〉□有　□無

〈試験形態〉□個別　□集団（　　　人程度）

〈会場図〉

〈内容〉

□サーキット運動

□走り　□跳び箱　□平均台　□ゴム跳び

□マット運動　□ボール運動　□なわ跳び

□クマ歩き

□グループ活動＿＿＿＿＿＿＿＿＿＿＿＿

□その他＿＿＿＿＿＿＿＿＿＿＿＿＿＿

●知能テスト・口頭試問

〈実施日〉＿＿月＿＿日〈時間〉＿＿時＿＿分 ～ ＿＿時＿＿分〈お手本〉□有 □無

〈出題方法〉 □肉声 □録音 □その他（　　　　　）〈問題数〉＿＿枚 ＿＿問

分野	方法	内　容	詳　細・イラスト
（例） お話の記憶	☑筆記 □口頭	動物たちが待ち合わせをする話	（あらすじ） 動物たちが待ち合わせをした。最初にウサギさんが来た。次にイヌくんが、その次にネコさんが来た。最後にタヌキくんが来た。 （問題・イラスト） ３番目に来た動物は誰か
お話の記憶	□筆記 □口頭		（あらすじ） （問題・イラスト）
図形	□筆記 □口頭		
言語	□筆記 □口頭		
常識	□筆記 □口頭		
数量	□筆記 □口頭		
推理	□筆記 □口頭		
その他	□筆記 □口頭		

●制作　（例）ぬり絵・お絵かき・工作遊びなど

〈実施日〉　　月　　日〈時間〉　　時　　分　〜　　時　　分

〈出題方法〉 □肉声 □録音 □その他（　　　　） 〈お手本〉 □有 □無

〈試験形態〉 □個別 □集団（　　　人程度）

材料・道具	制作内容
□ハサミ □のり（□つぼ □液体 □スティック） □セロハンテープ □鉛筆 □クレヨン（　色） □クーピーペン（　色） □サインペン（　色）□ □画用紙（□ A4 □ B4 □ A3 □その他：　　　　） □折り紙 □新聞紙 □粘土 □その他（　　　　）	□切る □貼る □塗る □ちぎる □結ぶ □描く □その他（　　　　） タイトル：＿＿＿＿＿＿

●面接

〈実施日〉　　月　　日〈時間〉　　時　　分　〜　　時　　分〈面接担当者〉＿＿名

〈試験形態〉□志願者のみ（　　）名 □保護者のみ □親子同時 □親子別々

〈質問内容〉

※試験会場の様子をご記入下さい。

□志望動機　□お子さまの様子

□家庭の教育方針

□志望校についての知識・理解

□その他（　　　　　　　　）

（詳　細）

・

・

・

・

例

校長先生　教頭先生

父　子　母

出入口

●保護者作文・アンケートの提出（有・無）

〈提出日〉 □面接直前 □出願時 □志願者考査中 □その他（　　　　）

〈下書き〉 □有 □無

〈アンケート内容〉

（記入例）当校を志望した理由はなんですか（150 字）

●**説明会**（□有　□無）〈開催日〉＿＿月＿＿日〈時間〉＿＿時＿＿分～＿＿時＿＿分
〈上履き〉　□要　□不要　〈願書配布〉　□有　□無　〈校舎見学〉　□有　□無
〈ご感想〉

●**参加された学校行事**（複数回答可）
公開授業〈開催日〉＿＿月＿＿日〈時間〉＿＿時＿＿分～＿＿時＿＿分
運動会など〈開催日〉＿＿月＿＿日〈時間〉＿＿時＿＿分～＿＿時＿＿分
学習発表会・音楽会など〈開催日〉＿＿月＿＿日〈時間〉＿＿時＿＿分～＿＿時＿＿分
〈ご感想〉
※是非参加したほうがよいと感じた行事について

●**受験を終えてのご感想、今後受験される方へのアドバイス**
※対策学習（重点的に学習しておいた方がよい分野）、当日準備しておいたほうがよい物など

＊＊＊＊＊＊＊＊＊＊＊＊＊　ご記入ありがとうございました　＊＊＊＊＊＊＊＊＊＊＊＊＊

必要事項をご記入の上、ポストにご投函ください。

なお、本アンケートの送付期限は入試終了後３ヶ月とさせていただきます。また、入試に関する情報の記入量が当社の基準に満たない場合、謝礼の送付ができないことがございます。あらかじめご了承ください。

ご住所：〒＿＿＿＿＿＿＿＿＿＿＿＿＿＿＿＿

お名前：＿＿＿＿＿＿＿＿＿＿　メール：＿＿＿＿＿＿＿＿＿＿

ＴＥＬ：＿＿＿＿＿＿＿＿＿＿　ＦＡＸ：＿＿＿＿＿＿＿＿＿＿

ご記入頂いた個人に関する情報は、当社にて厳重に管理致します。弊社の個人情報取り扱いに関する詳細は、www.nichigaku.jp/policy.php の「個人情報の取り扱い」をご覧下さい。

家庭学習をトータルサポート！ニチガクのオリジナル 効果的 学習法

1 まずは アドバイスページを読む！

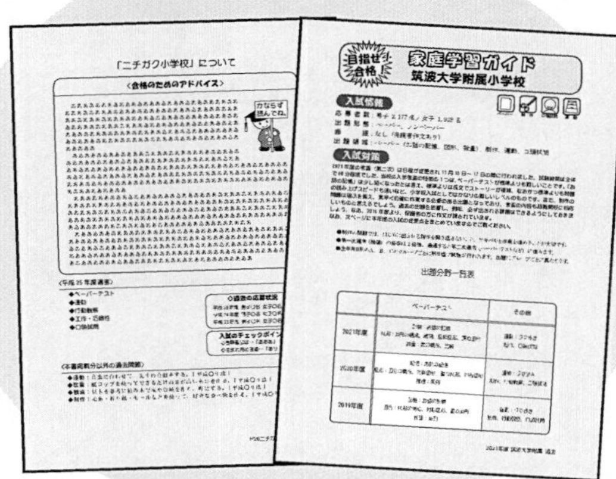

対策や試験ポイントがぎっしりつまった「家庭学習ガイド」。分野アイコンで、試験の傾向をおさえよう！

2 問題をすべて読み、出題傾向を把握する

3 「学習のポイント」で学校側の観点や問題の解説を熟読

4 はじめて過去問題にチャレンジ！

5 プラスα 対策問題集や類題で力を付ける

過去問のこだわり

ピンク色です

最新問題は問題ページ、イラストページ、解答・解説ページが独立しており、お子さまにすぐに取り掛かっていただける作りになっています。

ニチガクの学校別問題集ならではの、学習法を含めたアドバイスを利用して効率のよい家庭学習を進めてください。

各問題のジャンル

問題7 分野：図形（図形の構成） Aグループ男子

〈解答〉 下図参照

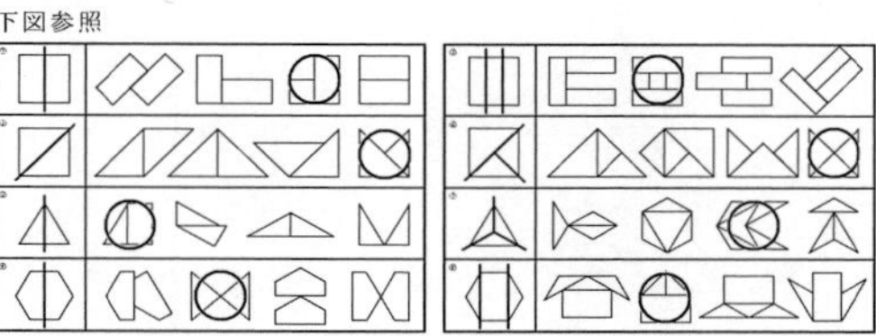

図形の構成の問題です。解答時間が圧倒的に短いので、直感的に答えないと全問答えることはできないでしょう。例年ほど難しい問題ではないので、ある程度準備をしたお子さまなら可能のはずです。注意すべきなのはケアレスミスで、「できないものはどれですか」と聞かれているのに、できるものに○をしたりしてはおしまいです。こういった問題では基礎とも言える問題なので、もしわからなかった場合は基礎問題を分野別の問題集などでおさらいしておきましょう。

【おすすめ問題集】
★筑波大附属小学校図形攻略問題集①②★（書店では販売しておりません）
Jr・ウォッチャー9「合成」、54「図形の構成」

学習のポイント

各問題の解説や学校の観点、指導のポイントなどを教えます。
今日から保護者の方が家庭学習の先生に！

おすすめ対策問題集

分野ごとに対策問題集をご紹介。苦手分野の克服に最適です！
＊専用注文書付き。

2022年度版
愛知県版 国立小学校 過去問題集

発行日 2021年8月11日
発行所 〒162-0821 東京都新宿区津久戸町 3-11
TH1ビル飯田橋 9F 日本学習図書株式会社
電 話 03-5261-8951 ㈹

詳細は http://www.nichigaku.jp 日本学習図書 検索